아주
사소한
몸짓의
힘

아주 사소한
몸짓의 힘

신경원 지음

북카라반
CARAVAN

내 삶에 크게 영향을 미친 선생님 2명이 있다. 한 명은 나를 있는 그대로 인정하고 사랑해준 초등학교 5학년 때 담임 선생님이다. 나를 향한 선생님의 시선은 항상 따뜻했고, 선생님은 늘 내 행동과 생각에 관심을 보였다. 소심하고 내성적이었던 나는 선생님과 1년을 보낸 이후 밝고 쾌활한 성격으로 변화했다. 자신감도 생기기 시작했다.

다른 한 명은 고등학교 1학년 때 담임 선생님으로, 나를 믿지 못하는 선생님이었다. 나를 향한 선생님의 시선은 의심과 불신으로 가득했다. 나는 그 선생님이 우려한 대로, 공부를 안 하는 것으로 반항하는 학생이 되었다.

두 선생님은 단 한 번도 "나는 너를 믿는다" 또는 "나는 너를 믿지 않는다"라고 말하지 않았다. 단지 시선, 표정, 말투 같은 비언어 신호만으로 내게 내재되어 있는 수많은 가능성 중 상반된 것을 끌어냈다. 한 명은 긍정적인 자아와 자신감을 끌어내고, 한 명은 부정적인 자아와 반항심을 끌어냈다.

이 두 시기의 경험은 내 인생에 큰 영향을 미쳤다. 꼭꼭 숨어 있던 자신감을 드러나게 해준 초등학교 때 선생님은 한순간도 잊지 못한다. 그때 보여준 선생님의 시선과 미소는 수십 년이 지난 지금의 내 삶에도 영향을 미치고 있다. 이것이 바로 몸짓언어의 힘이다.

우리는 어릴 때 부모님과 선생님에게서 영향을 받고, 성인이 되면 가족·친구·동료·비즈니스 관계의 사람들과 영향을 주고받는다. 대인 관계는 우리의 행복과 성공적인 삶에 큰 영향을 미친다.

사람들은 호감 가는 인상을 신뢰하고, 자신감 있고 당당한 사람에게 매력을 느낀다. 그런 사람과 친구가 되고 싶어 하고, 함께 일하고 싶어 한다. 사람의 마음을 읽고 공감할 수 있으면 나뿐 아니라 내 주변 사람들도 행복해진다. 내게 유리하게 비즈니스 상황을 이끌 수도 있다. 몸짓언어는 대인 관계를 돕는 기술이다. 복잡한 대인 관계를 단순하게 하고, 관계를 주도적으로 이끌게 도와준다.

이 책은 몸짓언어에 대한 기본적인 이론과 연구 사례, 경험을 중심으로 엮은 비언어 커뮤니케이션 입문서다. 더 좋은 업무 성과를 원하는 직장인, 팀을 이끄는 중간 관리자, 협상의 기술이 필요한 사업가, 학생을 가르치는 교사, 환자를 대하는 의사와 간호사, 판매 성과를 높이고자 하는 영업 담당자, 고객 만족도를 높이고 싶은 서비스 담당자, 자녀를 키우는 부모, 구직이나 이직을 준비하는 사람, 대중과 소통하려는 정치인이나 강연가에게 도움이 될 것이다.

이 책을 순서대로 읽어도 되지만 꼭 그렇게 읽지 않아도 된다. 가장 궁금한 내용이 있는 곳을 찾아서 읽고 실천해보기 바란다. 그다음 또 다른 곳을 읽으면서 몸짓언어 기술을 하나씩 익히면 된다. 실천해보는 것이 가장 중요하다. 이 책을 통해서 다음 3가지를 얻을 수 있을 것이다.

하나, 자신의 몸짓에 관심을 기울이는 것이다. 나쁜 몸짓은 고치고 좋은 몸짓을 습관화할 수 있다.

둘, 상대방의 속마음을 읽을 수 있게 될 것이다. 몸짓으로 표현되는 신호를 읽을 수 있다.

셋, 몸짓언어의 힘을 경험하는 것이다. 몸짓언어를 익히면서 변화하는 대인관계를 경험하게 될 것이다.

내가 이 책을 쓴 목적은 '행복'이다. 이 책에 제시된 몸짓언어 기술을 실천하면서 대인관계가 더 편안해지고, 삶이 더 행복해지기를 바란다.

차례

프롤로그

몸짓언어로
소통하라

몸짓언어로
소통하라

아침 출근길이다. 복잡한 지하철 안에서 옆 사람과 몸을 부딪히지 않으려고 안간힘을 쓴다. 무표정한 얼굴로 공중에 시선을 던지고 있는 사람들, 고개를 숙이고 스마트폰에 열중하는 사람들, 꾸벅꾸벅 졸고 있는 사람들 사이에서 달랑거리는 손잡이 하나에 몸을 의지한다. 목적지에 도착했다. 지하철에서 쏟아져 나온 사람들은 각자 출구 방향으로 바쁘게 발걸음을 옮긴다. 회사에 도착했다. 언제나 표정이 밝은 인포메이션 근무자가 "안녕하세요"라며 인사한다. 그녀는 인포메이션 근무자 중 유일하게 가식 없이 환한 미소를 짓는다. 언제 보아도 기분이 좋다. 나도 눈을 맞추고 살짝 고개를 숙여 인사한다. 엘리베이터 앞에서 친한 동료를 만났다. 눈을 찡긋하며 가볍게 인사를 나누고 엘리베이터를 함께 탔다. 다른 사람들이 있어서 서로 말을 하지 않고 안내판만 쳐다보았다. 사무실이 있는 층에 도착해서 엘리베이터에서 내렸다. 조금 뒤에 커피 한잔 마시자는 약속을 하고 각자의 책상에 앉았다. 내 책상에는 컴퓨터, 노트북, 가족사진, 머그잔, 업무 서류 더미가 있다. 컴퓨터를 켜는데 상사에게 전화가 온다. 호출이다. 복도를 지나 그의 사무실 문 앞에서 심호흡을 가볍게 한 번 한다. 문을 열고 들어간다. 그는 앉아 있던 의자에서 소파로 자리를 옮긴다. 기분이 나빠 보이지 않는다. 살짝 안도하며 나도 소파에 앉았다.

특별할 것 없는 일상의 모습이지만, 이 안에는 수많은 메시지가 담겨 있다. 메시지 대부분이 말이 아닌 비언어적인 요소라는 사실에 주목할 필요가 있다. 말로 표현하지 않아도 자신의 감정이 드러나고, 인사를 나누고, 상대방의 감정을 읽을 수 있다. 이를 비언어 커뮤니케이션이라고 한다.

대화에서 '말'보다 중요한 것

비언어 커뮤니케이션은 언어를 제외한 수단으로 이루어지는 모든 커뮤니케이션이다. 표정, 말투, 손·발, 몸의 움직임, 공간, 자리, 신체 접촉, 자세, 헤어스타일, 옷차림 같은 요소들이다. 연구에 의하면 의사소통에서 비언어적인 수단은 대략 1,000가지

정도가 되고 의사소통의 93퍼센트가 비언어적 요소로 이루어진다.

일반적으로 대화는 언어를 주고받는 것이라고 생각한다. 캘리포니아대학 로스앤젤레스의 앨버트 메라비언Albert Mehrabian 교수는 사람 간의 커뮤니케이션에서 언어가 차지하는 비율은 7퍼센트뿐이라고 했다. 목소리가 38퍼센트, 몸짓언어와 같은 그 외의 비언어적 요소가 55퍼센트를 차지한다. 1950년대에 밝혀진 이 이론은 '메라비언의 법칙'이라는 이름으로 다양하게 활용되고 있다. 최근 말투가 화두가 된 것도 같은 이유라고 생각한다. 말하는 내용과 더불어 '어떻게 말하느냐'가 중요하다. '어떻게 말하느냐'에는 말투뿐 아니라 시선·손짓·몸짓 같은 비언어적 요소가 중요하게 작용한다.

눈치 없다는 말을 들어본 적 있다면

비언어적 요소를 좀더 세분한다면 몸짓언어·외모언어·말투언어·행동언어·공간언어로 나눌 수 있다. 몸짓언어는 동작과 몸짓으로 이루어진다. 흔히 보디랭귀지라고 한다. 대화하면서 고개 끄덕이기, 몸을 앞으로 기울이기, 표정, 손짓과 발의 자세, 몸의 방향 등을 말한다. 외모언어는 이목구비·키·체형과 같은 외모를 말한다. 말투언어는 목소리로 표현되는 모든 것과 강조·더듬거림·끊김 같은 것을 포함한다. 행동언어는 습관과 매너로 이루어진다. 스마트폰을 보는 습관, 불평하는 습관, 친절을 베푸는 매너, 시간과 약속에 대한 매너 등이다. 마지막으로 미국의 인류학자 에드워드 홀Edward Hall 박사가 밝혀낸 공간언어가 있다. 홀은 자동차·사무실·집과 같은 장소뿐 아니라 사람의 신체 주변에도 공간이 있다고 했다.

비언어 메시지는 언어와 마찬가지로 누군가가 듣고 보지 않으면 무의미하다. 사람들은 대화할 때 상대방의 메시지를 이해하려고 말의 내용 즉, 단어와 문장에 집중한다. 그리고 상대방의 감정을 읽기 위해 비언어 신호에 집중한다. 만약 비언어 신호를 놓치면 눈치 없는 사람이 되고 만다. 언어가 중요한 의사소통의 도구임에는 틀림없지만 언어와 비언어 수단을 상호 보완해 활용할 수 있어야 한다.

인류 공통의 몸짓언어

사람들은 기쁠 때 웃는다. 입꼬리가 올라가고 눈가에 주름이 잡힌다. 이 표정은 전 세계 어디나 동일하고 성인과 유아가 같다. 왜 표정이 비슷할까? 길거리에서 누군가가 발을 헛디뎌서 갑자기 넘어지면 그 모습을 본 주변 사람들은 움찔하며 놀란다. 왜 놀라는 것일까?

몸짓언어를 읽는 것은 사람의 마음 즉, 감정을 읽는 것이다. 비언어 커뮤니케이션 전문가인 조 내버로Joe Navarro는 『FBI 행동의 심리학』에서 "사람의 마음을 읽지 말고, 뇌를 읽으라"고 했다. 인간의 뇌는 크게 세 부분으로 나뉜다. 생명의 뇌인 파충류의 뇌, 감정의 뇌인 포유류의 뇌, 이성의 뇌인 인간의 뇌다. 몸짓언어를 이해하려면 포유류의 뇌에 있는 변연계의 역할에 주목해야 한다.

포유류의 뇌는 감정 기능을 담당하는데 변연계는 기억·감정·호르몬을 조절한다. 포유류는 변연계 때문에 파충류와는 달리 흥분하면 으르렁거리고, 두려우면 움츠리고, 꼬리를 흔들거나 이빨을 드러내며 감정을 표현한다. 사람이 자신의 감정을 자신도 모르는 사이 행동으로 표현하는 이유도 변연계 때문이다. 사람들은 반가우면 눈썹이 빠르게 올라가고, 답변이 곤란하면 입술을 꽉 다물고, 나쁜 소식을 들으면 고개를 숙인다. 또한 변연계의 기억으로 과거에 경험했던 위험한 순간을 피할 수 있다. 변연계는 몸짓언어에서 핵심적인 역할을 한다. 세계적으로 몸짓언어의 많은 부분이 동일한 이유는 바로 변연계 때문이다.

몸짓언어는 타고나는 것일까, 학습되는 것일까?

인간은 말이 생기기 전에는 소리와 몸짓으로 의사소통을 했다. 몸짓으로 의사소통을 할 수 있는 것이 선천적인지, 후천적인지에 대해 과학자들은 오랫동안 결론을 내지 못했다. 이는 유전자에 의해 타고나는 것인지, 학습에 의해 훈련되는 것인지에 대한 문제다.

찰스 다윈Charles Darwin은 『인간과 동물의 감정 표현The Expression of the Emotions in Man and Animals』에서 사람의 몸짓언어는 선천적이라고 주장했다. 캘리포니아대학 샌프란시스코의 폴 에크먼Paul

Ekman 교수는 21개국의 학자들과 함께 얼굴과 감정에 관해 연구한 후 전 세계 어디에서나 행복·기쁨, 슬픔, 놀람, 공포, 분노, 역겨움의 감정이 비슷하다는 것을 밝혀냈다.

몸짓언어는 타고나는 것이며 노력에 의해 더 개발된다. 누구나 본능적으로 자신의 감정을 몸짓언어로 표현하고 다른 사람의 몸짓언어를 읽을 수 있다. 제대로 읽었든 못 읽었든 자동적으로 그에 반응한다. 성공적인 대인 관계를 위해서는 상대방의 몸짓언어를 정확히 읽고 적절하게 반응하는 것이 중요하다. 그렇지 못하면 관계가 깨지기도 하고, 비즈니스에 좋지 못한 영향을 미치기도 한다.

사람마다 몸짓언어가 다른 이유

몸짓언어가 중요한 의사소통 요소인 이유는 전 세계 어디서나 동일하기 때문이다. 하지만 모든 몸짓언어의 표현이 그렇지는 않다. 얼굴에 드러나는 기쁨, 슬픔, 화와 같은 감정은 전 세계가 공통이지만 손짓이나 고개의 움직임은 문화권에 따라 다르다. 사람을 만났을 때 악수하며 인사하는 곳도 있고, 입맞춤을 하거나 고개를 숙이는 곳도 있다. 대부분의 나라에서 고개를 끄덕이면 '예스'를 뜻하지만 불가리아에서는 고개를 끄덕이면 '노', 고개를 가로 저으면 '예스'를 뜻한다.

상대방의 몸짓을 해석하려면 몸짓언어의 다양성을 이해하는 것이 매우 중요하다. 몸짓언어는 문화권의 차이와 더불어 남녀의 차이, 개인적인 기질의 차이가 있다. 일반적으로 여자가 남자보다 세심해서 남자가 쉽게 놓치는 사소한 신호도 잘 알아본다. 여자는 몸짓언어 신호를 읽고 이해하는 능력이 남자보다 탁월하다. 특히 자녀를 길러본 여성은 몸짓언어 이해 능력이 더 뛰어나다. 또한 외향적인 사람은 의사소통할 때 몸짓이 크고 내성적인 사람은 몸동작을 작게 하거나 덜 한다. 개인적인 차이를 이해하지 못하면 상대방의 마음을 오해할 수 있다. 잘못된 몸짓언어 해석으로 비즈니스 기회를 잃거나 대인 관계를 깨뜨리는 일은 없어야 한다.

10분의 1초 만에 결정되는 첫인상

내일 새로운 고객을 확보하기 위한 미팅이 예정되어 있다고 생각해보자. 지금 당장 무엇을 준비할 것인가? 내일 첫 데이트를 한다. 지금 당장 무엇을 준비할 것인가? 내일 꼭 들어가고 싶은 회사의 입사 면접이 있다. 지금 당장 무엇을 준비할 것인가?

프린스턴대학의 알렉산더 토도로프Alexander Todorov 교수는 첫인상에 관해 '10분의 1초 규칙'을 밝혀냈다. 토도로프 교수는 사진만 보고 정치인의 호감도와 유능함을 평가하게 했다. 실험 결과, 유능하다고 평가된 사람의 70퍼센트가 그 전해 선거에서 당선된 정치인이었다. 즉, 실험 참가자들은 사진만 보고 유능함을 알아본 것이다. 그런데 첫인상은 이성적인 사고로 판단하는 것이 아니었다. 실험에 참가한 사람들은 0.1초 만에 결정을 내렸다.

사람들은 누군가와 처음 만날 때 만나서 무슨 말을 할지 대화 내용을 열심히 준비한다. 그러나 막상 만나면 준비한 이야깃거리를 꺼내기도 전에, 입을 열기도 전에 첫인상이 결정된다. 신뢰할 만한 사람인지 아닌지, 매력적인 사람인지 아닌지는 0.1초 만에 결정된다. 첫인상에서 신뢰와 호감을 얻으면 그 만남은 성공적일 가능성이 높다. 비즈니스의 기회가, 데이트의 기회가, 구직의 기회가 생기는 것이다.

좋은 첫인상을 결정짓는 중요한 요인이 바로 몸짓언어다. 적절한 몸짓언어는 호감도를 높이고 매력적인 사람으로 보이게 한다. 몸짓언어 기술로 상황에 맞는 좋은 첫인상을 보일 수 있다.

대통령의 몸짓언어

2018년 4월, '몸짓언어 해석'의 열풍이 한차례 몰아쳤다. 남북 정상의 만남 중 '판문점 도보다리 산책'에서 나눈 대화 내용을 들을 수 없었기 때문이다. 당시 비언어 커뮤니케이션 전문가들이 두 정상의 몸짓과 표정을 해석해서 언론과 국민에게 알리는 통역사 역할을 했다.

미국에서는 오래전부터 정치인의 몸짓언어에 많은 관심을 보여왔다. 그 시초는 1960년 존 F. 케네디와 리처드 닉슨의 대통령 선거 후보 토론이었다. 역사상 최초로 토론이 라디오와 텔레비전으로 중계되었다. 라디오 청취자들은 무승부 또는 닉슨의 승리라고 판단했지만 텔레비전 시청자들은 케네디가 이겼다고 판단했다. 케네디는 젊었고 잘생겼으며 건강한 몸매를 드러내고 편안한 자세로 능숙하게 행동했다. 반면 닉슨은 메이크업을 하지 않은 얼굴과 긴장된 자세로 불편함을 드러냈다. 이 일로 대통령 후보는 이미지가 중요하다는 것이 확인되었다.

2018년 7월 영국을 방문한 도널드 트럼프 미국 대통령이 왕실 의장대 사열 도중 엘리자베스 여왕보다 조금 앞서 걸어서 큰 논란을 일으켰다. 2007년 조지 W. 부시 전 미국 대통령은 미국을 방문한 엘리자베스 여왕에게 상황에 맞지 않는 윙크를 해서 크게 비난을 사기도 했다. 유명인이나 정치인은 행동 하나가 매우 민감한 사안이 된다. 특히 국가 정상의 몸짓과 표정은 국가 간의 갈등을 야기할 수도 있고 국가 간의 유대를 강화할 수도 있다.

몸짓언어는 효과적인 리더십 도구다. 몸짓언어는 생각과 감정을 표현하는 것 이상의 의미를 지닌다. 상호 간에 신뢰와 존중을 이끌어낸다. 이 시대의 리더는 몸짓언어에 민감해져야 한다.

몸짓언어, 왜 필요할까?

몸짓언어는 다양한 분야의 사람들에게 의사소통의 도구로 활용된다. 몸짓언어 능력이 뛰어난 의사를 만난 환자는 만족도가 높다. 환자는 몸짓언어를 잘 사용하는 의사가 자신에게 더 관심을 갖고 보살핀다고 느낀다.

한 연구에서는 비언어능력이 높은 초등학생은 학업 성취도가 높고, 외향적이며, 사교적이고, 인기가 많고, 사회적 능력이 뛰어나다고 밝혀졌다. 교사와 부모가 사용하는 몸짓언어는 학생의 학업과 성격 형성에 영향을 미친다. 시카고대학의 수전 골딘 메도

Susan Goldin-Meadow 교수는 부모가 어린 자녀에게 손짓을 많이 쓰면 자녀의 어휘력이 늘어난다고 발표했다. 양육자는 아이들과 비언어적인 소통을 해야 한다. 미소를 보내고 시선을 맞추고 고개를 끄덕이며 아이들의 몸짓을 이해하고 적절하게 반응해야 한다.

아이들만이 아니다. 성인도 몸짓언어 능력이 뛰어난 사람이 직장과 사회생활에서 좋은 대인 관계를 유지한다고 입증되었다. 몸짓언어는 협상을 성공적으로 이끌고 영업 성과를 높이는 데 결정적인 역할을 한다. 『보디 랭귀지』의 저자 앨런 피즈Allan Pease는 1,000건의 협상 과정을 분석한 결과, 몸짓언어가 협상의 결과에 미치는 영향이 60~80퍼센트라고 밝혀냈다. 협상 능력은 곧 몸짓언어의 능력이라고 해도 과언이 아니다.

몸짓언어는 특정 분야에만 필요한 능력이 아니다. 사업가, 정치인, 기업의 관리자, 영업 담당자, 서비스업 종사자, 의사, 변호사, 교사, 경찰관, 강연자, 배우 등 다양한 분야에 도움이 된다. 사람들과 함께하고, 사람들을 대하는 일을 하고 있다면 몸짓언어는 일의 성공에 큰 비중을 차지한다.

나만의 몸짓언어 & 속마음을 읽는 기술

몸짓언어 기술은 크게 2가지로 볼 수 있다. 첫 번째는 적재적소에 활용할 수 있는 '나만의 몸짓언어'를 개발하는 것이다. 대인 관계에 도움이 되는 긍정적인 몸짓은 적극적으로 활용하고 나쁜 인상을 주는 몸짓은 없애야 한다. 나도 모르는 습관 중에 다른 사람을 불쾌하게 하거나 불편하게 하는 몸짓이 있을 수 있다. 예를 들어, 대화할 때 지나치게 가까이 다가간다거나 말하면서 손으로 코나 입을 자주 만질 수 있다. 이런 몸짓은 즉시 없애야 한다. 그리고 자신을 매력적이고 신뢰할 만한 사람으로 보이게 하는 몸짓을 습관화해야 한다.

두 번째는 다른 사람의 몸짓언어를 관찰하고 정확히 이해해서 속마음을 읽는 것이다. 사람은 자신의 감정을 있는 그대로 드러내기도 하고, 들키지 않으려고 애쓰기도 한다. 몸짓언어를 읽는 연습을 하면 사람들이 말로 하지 않아도 얼마나 자주 속마음을 드러내는지 알게 된다. 속마음을 읽으면 누가 진실한지, 누가 거짓말을 하는지 구분할 수 있게 된다. 물론 속임수나 거짓말을 완벽하게 가려내는 것은 어렵다. 하지만 적절한 타이밍에 거짓말 탐지 시스템을 가동해야 한다는 판단을 할 수 있게 된다.

몸짓언어는 자신을 거짓으로 포장하고 다른 사람을 속이는 기술이 아니다. 자신의 강점을 드러내고 약점을 최소화하는 기술이다. 자신을 좀더 매력적으로 보이게 하고, 신뢰할 만한 이미지를 개발하는 것이다. 몸짓언어를 제대로 이해하면 몸짓언어로 누군가를 속일 수 없다는 것을 알게 된다. 몸짓언어는 상대방에게 관심과 공감을 표현하고 진심을 전달하려고 활용하는 것이다.

나만의 몸짓언어 개발과 다른 사람의 속마음을 읽는 기술, 2가지가 적절히 조화를 이루면 대인 관계에 활용할 수 있는 강력한 도구가 된다. 모든 일에 자신감이 생기고, 사람을 만나는 것이 즐거워진다.

chapter 1.
호감의 기술

: 첫 0.1초에
승부를 걸어라

첫 만남이라면
눈썹을
살짝 올려라

#첫인상 #반가움 #불신
#친구신호 #층간소음해결

얼마 전에 옆집에서 층간 소음으로 한바탕 소란이 있었다. 아래층에 사는 사람이 올라와서 강력하게 항의했다. 옆집에서도 할 말이 많았다. 한참 고성이 오고 갔는데도 결론은 나지 않았다. 아파트에 살면 아이들이 뛰어다니는 소리는 물론이고 의자나 슬리퍼 끄는 소리, 심지어 스마트폰 진동 소리까지도 조심해야 한다. 소음으로 피해를 주기도 하고 피해를 보기도 한다. 아파트는 마치 총성 없는 전쟁터와 같다. 나 또한 이 전쟁에서 평화를 지켜야 하는 한 사람이다. 옆집의 한바탕 소란이 있은 며칠 후, 아래층에 양해를 구하러 갔다. 쉽지 않은 발걸음이었다. 적절한 말이 떠오르지 않았다. 부디 아래층 사람이 내 첫인상을 좋게 보고 너그럽게 대해주길 바랄 뿐이었다. 다행히 아래층에 사는 젊은 부부와 첫인사를 잘 나누었다.

일할 때나 일상에서 '호감 가는 첫인상'의 중요성은 수도 없이 느낀다. 좋은 첫인상은 친구를 만들고 다른 사람의 마음을 얻는 강력한 도구다. 미소 짓는 얼굴에 호감을 느낀다는 것은 누구나 알고 있다. 미소 못지않게 중요한 역할을 하는 것이 바로 눈썹 움직임이다.

눈썹으로 표현하는 반가움

약 6분의 1초 동안 빠르게 눈썹을 살짝 올리는 것은, 무의식적이고 본능적인 반응으로 기본적으로 긍정적인 의미다. 사람은 누군가에게 관심과 호감이 가면 눈썹을 살짝 올리면서 인사한다. 상대가 눈썹을 살짝 올리면서 인사하면 대부분의 사람은 똑같이 눈썹을 올리며 반가움을 표시한다. 이것은 무의식적인 몸짓이다. 인사를 주고받는 사람 모두 눈썹을 올렸다는 것을 인식하지 못한다. 이 눈썹의 움직임은 동서양을 막론하고 어디에서나 볼 수 있다. 전 세계인이 동일하게 사용하지만 일본인은 이 움직임을 억제한다고 한다.

눈썹을 살짝 올리는 반가움의 표시는 광고에도 자주 사용된다. 확연하게 눈에 띄는 미소와는 다르게 눈썹의 움직임을 인식하기 전에 광고가 끝난다. 하지만 짧은 눈썹 움직임은 광고에 등장한 상품에 대한 긍정적인 잔상을 강력하게 남긴다.

사람의 뇌는 끊임없이 주변을 살피면서 상대방을 가까이할지 멀리할지 판단한다. 호감을 느끼면 마음을 열고 우호적인 태도를 보이게 된다. 비호감이라고 느끼면 피하거나 방어하려고 한다. 그런 이유로 '호감 가는 첫인상'은 매우 중요하다. 자신을 보자마자 상대방이 비호감을 느껴서 방어적인 태도를 취하게 되면 그것을 바꾸는 것은 쉽지 않다.

긍정적인 의미를 전달하려고 눈썹을 살짝 올리는 것은 인위적으로 하기 어렵다. 인위적으로 눈썹을 올리면 다른 의미로 전달될 가능성이 높다. 눈썹을 살짝 올려서 반가움을 표현하고자 한다면 '반가운 마음'을 갖는 것이 우선이다. 아파트 엘리베이터에서 만나는 이웃 사람에게, 길을 걷다가 눈이 마주친 모르는 사람에게, 사무실 복도에서 만나는 친하지 않은 동료에게 반가운 마음을 가져라. 눈썹은 자동으로 빠르게 올라갈 것이다.

기분 나쁜 눈썹 움직임

인위적으로 눈썹을 올리면 회의적인 사람으로 보일 수 있다. 눈썹이 동그란 모양을 그리며 이마 쪽으로 올라가면 놀란 것처럼 보인다. 이 표정을 오랫동안 짓고 있으면 의심이나 불신의 의미로 해석된다. 상황에 따라 우월감을 행사하려는 것으로 느끼기도 한다.

상대방이 말하고 있을 때 눈썹을 올리는 것은 무례한 표정이다. 만약 중요한 회의를 하는데 누군가 눈썹을 올리는 신호를 보낸

이마의 주름을 부르는 눈썹 움직임.

다면, 회의가 순조롭게 진행되지 않을 가능성이 높다. 불신이 가득한 분위기에서는 좋은 결론이 나올 수 없다. 만약 회의를 주도하고 있다면 그런 모습이 보이는 즉시 주의를 환기하는 것이 좋다.

　습관적으로 눈썹을 올리는 사람이 있다. 상품을 판매하는 사람이 이런 표정을 짓는다면 고객은 그 사람과 상품을 신뢰하지 못할 것이다. 직장에서 이런 표정을 자주 보이면 진지하지 못한 사람으로 인식될 수 있다. 만약 이마에 주름이 많다면 눈썹을 올리는 습관이 없는지 확인해보아야 한다. 눈썹을 올리면 이마에 주름이 잡힌다. 습관적으로 하면 이마의 주름은 점점 깊어진다.

　가끔 의도적으로 눈썹을 움직여 상대방에게 불신의 신호를 줄 수 있다. '나는 당신을 믿지 않으니 조심하라'는 경고의 메시지다. 하지만 좋은 인상을 주는 표현은 아니므로 반드시 필요한 경우가 아니라면 사용하지 않는 것이 좋다.

　예외도 있다. 연인이 깜짝 선물이나 이벤트를 준비해서 기쁘다면 놀란 만큼 눈썹을 올리고 있어도 좋다. 그때 올라간 눈썹은 믿을 수 없을 만큼 기쁜 순간이라는 것을 표현해준다. 이런 경우가 아니라면 눈썹을 오래 올리는 것은 대인 관계에 도움이 안 된다.

keyword

눈썹 움직임은 때로는 긍정적인 의미를, 때로는 부정적인 의미를 드러낸다. 긍정적인 의미의 눈썹 움직임은 무의식적으로 드러나기 때문에 마음가짐이 중요하다. 층간 소음 때문에 아래층에 갈 때도 상대방에 대한 긍정적인 마음이 있다면 눈썹은 스스로 역할을 해낼 것이다. 몸짓언어에서 가장 우선되어야 하는 것은 부정적인 습관을 없애는 것이다. 눈썹을 오래 올리는 습관이 있다면 바로 고치도록 하자.

눈맞춤의
기술

누군가 나와 집중해서 대화한다는 것은 기분 좋은 일이다. 상대방이 100퍼센트 대화에 집중하고 있다는 느낌을 받는 경우는 흔치 않다. 대화 중 같은 내용을 반복하고 더 자세히 설명하려고 할 때가 있다. 상대방이 집중하지 않는다고 느끼기 때문이다. 대화를 하면서 완벽하게 집중하는 상대를 만나면 호감을 느끼고 신뢰하게 된다. 그런 사람은 비즈니스 파트너가 되기도 하고, 친구가 되기도 하고, 연인이 되기도 한다. 상대방이 집중하고 있다는 신호 중 중요한 한 가지가 바로 눈맞춤이다.

온 마음과 정신을 집중해서 바라본다면

빌 클린턴 전 미국 대통령은 여성에게 인기가 많다고 한다. 남녀노소를 불문하고 클린턴에게 매료되는 이유는, 바로 그의 눈맞춤의 기술 때문이다. 클린턴을 만난 사람들은 그를 만난 순간 받은 감동을 잊지 못한다.

유명한 대중 연설가 숀 스티븐슨Sean Stephenson은 많은 유명 인사를 만났지만, 클린턴처럼 눈맞춤 기술을 능숙하게 사용하는 사람은 없었다고 한다. 클린턴은 상대방과 눈이 마주치면 상호작용이 완벽하게 마무리될 때까지 시선을 거두지 않는다고 한다.

대화를 하다 보면 상대가 나를 보고 있긴 하지만, 시선만 맞추고 있다는 느낌을 받을 때가 종종 있다. 듣는 척만 할 뿐 실제로 귀 기울여 듣고 있지 않기 때문이다. 사람들은 종종 이런 경험을 하고, 대화 상대에게 이런 느낌을 준다. 상대방의 말에 집중을 하기보다 다른 생각을 하거나 자신의 생각을 정리한다. 그러다가 상대방의 말이 채 끝나기도 전에 이야기를 시작한다. 상대에게 시선이 머문다는 것은 관심이 있다는 의미다. 대화할 때는 상대를 바라보는 것에 온 마음과 정신을 집중해야 한다. 그것이 제대로 된 경청이다.

바라보는 것만으로도 신뢰감이 쌓인다

한 연구에서 실험 참가자들에게 대화하는 두 그룹의 동영상을 보여주고 그들의 성격을 판단하게 했다. 한 그룹은 대화하면서 대화 시간의 15퍼센트만 상대를 바라보았고, 다른 그룹은 80퍼센트 이상 상대를 바라보았다. 실험 참가자들은 80퍼센트 이상 상대를 바라본 그룹을 친절하고 자신감이 넘친다고 평가한 반면, 15퍼센트만 상대를 바라본 그룹은 상대에게 무관심하다고 평가했다.

사람들은 대화하면서 상대방을 많이 바라볼수록 자존감이 높고 지적 수준이 높다고 느낀다. 특히 말하는 사람이 상대방을 많이 바라보면 설득력 있고 진실하다고 느낀다. 그래서 대화 중 상대방을 많이 바라보면 신뢰감이 형성된다. 심지어 사진도 마찬가지다. 시선이 정면을 향하는 사진이 시선을 돌리고 있는 사진보다 신뢰감을 준다.

눈맞춤은 서로가 적절하다고 느낄 때 가장 효과적이다. 일반적으로는 대화 시간 중 60~70퍼센트 비율로 상대를 바라보면 호감을 느끼게 된다고 한다. 특히 4~5초씩 지속되는 시선 접촉이 많을수록 관심과 호감이 커진다. 적절함의 기준은 개인의 성격, 성별, 성장한 문화권에 따라 차이가 있기 때문에 상대방의 기준을 파악하면서 균형을 맞추는 것이 좋다.

눈맞춤은 사랑에 빠지게 한다

스토니브룩대학의 아서 에런Arthur Aron 교수는 서로 모르는 사람들을 모아놓고 다양한 일을 시켰다. 몇몇 커플에게는 일을 하면서 2분 동안 상대방의 눈을 응시하라고 했다. 실험 결과, 상대방의 눈을 2분 동안 응시한 커플은 그렇지 않은 커플보다 많은 호감을 느꼈고, 한 커플은 결혼까지 했다.

사람은 누군가의 시선을 받으면 곧바로 알아차린다. 따뜻한 시선을 받으면 사랑과 관심을 느낀다. 성인이나 아이나 마찬가지고 특히 남녀 간의 시선은 관계의 출발점이 된다. 여자는 호감 가는 남자에게 시선으로 속마음을 표현한다. 시선을 느낀 남자는 상대방에게 호감이 있으면 시선을 보내고, 그렇지 않으면 시선을 피한다. 그렇게 사랑에 빠지면 아무것도 하지 않고 서로의 눈만 바라보아도 행복하다.

서로를 깊이 사랑해서 결혼한 부부도 살다 보면 서로의 눈을 바라보는 시간이 점점 줄어든다. 행복한 결혼 생활을 하려면 눈맞춤을 게을리하지 않아야 한다. 사랑을 유지하는 방법은 그리 멀리 있지 않다.

시선에서 속마음을 읽을 수 있을까?

사람들은 자신의 속마음을 숨겨야 할 때 시선을 피한다고 알려져 있다. 성인과 아동을 가리지 않고 나타나는 행동이지만, 특히 어린아이들이 거짓말하는 순간 눈을 똑바로 쳐다보지 않고 시선을 피하는 것을 종종 본다. 하지만 이와 다른 연구 결과도 있다. 실험 참석자의 30퍼센트는 거짓말할 때 상대방의 시선을 피했지만 나머지 70퍼센트는 시선을 피하지 않았다. 시선을 피하지 않으면 거짓말을 들키지 않을 거라고 생각했기 때문이다. 상대방의 시선만으로는 진실과 거짓을 구분하기는 어렵다.

상황에 따라서는 거짓이 아니지만 시선을 피하는 경우도 있다. 슬픈 소식이나 안타까운 소식을 전해야 할 때다. 어떻게 위로해야 할지 몰라서 시선을 아래로 피하게 된다. 프러포즈할 때도 시선을 아래에 둔다. 감동적인 순간의 가슴 떨림도 있지만 여기에는 순종의 의미가 담겨 있다. 일반적으로 시선 내리까는 것은 순종의 의미다.

누구나 상대방의 시선에 속거나 상대방의 시선을 오해할 수 있다. 직업상 수시로 의심과 비판을 하는 사람도 마찬가지다. 거짓말을 하면서 시선을 피하지 않기도 하고, 진실을 말하면서 시선을 피하기도 한다. 시선만으로는 진짜 속마음을 판단하기는 어렵다.

keyword

사람들은 3미터 정도의 거리에서 바라보는 것을 알아차린다. 1미터 거리에서는 시선이 약간만 움직여도 알아차릴 수 있다. 얼굴을 마주하고 있을 때, 눈맞춤은 가장 강력한 의사소통 도구다. 짧은 시간 안에 사람 사이를 연결해준다. 눈맞춤 기술을 사용하면 다양한 자리에서 호감 가는 사람이 될 수 있다. 구직 면접에서, 비즈니스 만남에서, 데이트에서 신뢰할 수 있는 사람, 정직한 사람, 지적인 사람, 매력적인 사람이 될 수 있다.

그녀는 머리를 왜 왼쪽으로 기울일까?

국내 유명 강사 중 여성의 몸짓을 아주 잘 흉내 내는 강연자가 있다. 그는 강연에서 자주 여성을 흉내 내는 몸짓을 한다. 머리를 한쪽으로 기울이고 한 손으로 머리카락을 귀 뒤로 넘기면서 수줍은 듯 미소 짓는 것이다. 이 몸짓을 하는 순간 강연장은 순식간에 웃음바다가 된다. 특히 여성들이 크게 웃는데, 강연자가 흉내를 잘 내기도 하지만 '나도 그런 몸짓을 하는데', '나도 예전에는 그런 몸짓을 했는데'라는 공감의 웃음이다.

머리를 드는 자세는 3가지로 구분 할 수 있다. 머리 똑바로 들기, 기울이기, 숙이기다. 이 3가지는 의식적으로 사용할 수도 있고 무의식중에 드러나기도 한다. 머리를 똑바로 드는 것은 상대에게 중립적인 태도를 보인다는 표시다. 머리를 숙이는 것은 부정적이고 공격적인 의미다.

상대방이 편안하게 느껴질 때 머리를 한쪽으로 기울인다. 두렵거나 낯선 사람이 있어서 경계할 때는 이 몸짓을 하지 않는다. 머리를 한쪽으로 기울이면 목이 노출되는데 목은 신체에서 가장 약한 부위 중 하나다. 목을 보인다는 것은 자신의 약한 부위까지 드러낸다는 의미다. 연구에 따르면, 대화하면서 머리를 한쪽으로 기울이면 정직하고 다정한 사람으로 보인다고 한다. 비즈니스 상황에서 상대방이 고개를 기울인다면 신뢰가 형성되었다는 뜻으로 받아들이면 된다.

머리를 기울이는 것은 어머니의 가슴에 머리를 기대는 아기의 몸짓에서 유래했다고 한다. 아기는 태어난 지 6~7개월이 되면 혼자 머리를 가눌 수 있지만, 그전까지는 고개를 기울이고 어머니의 가슴에 머리를 기댄다.

여행이나 출장 등으로 여러 나라를 다니다 보면 언어가 전혀 통하지 않을 때도 있다. 간단한 영어도 통하지 않고 사람들은 말을 걸려고 하면 부리나케 도망간다. 영어에 대한 두려움일 수도 있고 낯선 사람에 대한 방어적인 태도일 수도 있다. 다른 문화권에서 언어로 의사소통이 원활하게 되지 않을 때는 우선 상대에게 편안한 상황이라는 신호를 보내야 한다. 머리를 기울이는 것도 한 방법이다. 낯선 사람이라도 편안한 상대라고 느끼면 좀더 호의적인 태도를 보인다.

면접 볼 때는 오른쪽으로

머리 기울이기는 면접을 볼 때 유용하게 사용할 수 있다. 전문직이나 도덕심을 요구하는 분야의 면접을 본다면 머리를 오른쪽으로 기울여야 한다. 연구에 따르면 머리를 똑바로 들거나 왼쪽으로 기울인 것보다 오른쪽으로 머리를 살짝 기울인 사람에게 신뢰감을 느낀다고 한다.

머리 기울이기는 기본적으로 긍정적인 의미지만 상대방이 복종의 의미로 받아들일 수 있기 때문에 비즈니스 관계에서는 상황에 따라 조절할 필요가 있다. 연약해 보이는 모습이 업무상 약점이 될 수 있다. 정직하고 친절한 이미지도 지나칠 경우 오히려 불리하게 작용될 수 있다. 중요한 이야기를 할 때나 협상 자리에서는 머리를 똑바로 세워 중립적인 태도를 보이는 것이 좋다. 대화 분위기를 부드럽게 만들 필요가 있을 때 머리를 살짝 기울이면 된다. 거울신경의 활동으로 상대방도 머리를 기울이면 금상첨화다.

데이트할 때는 왼쪽으로

머리를 기울이는 것은 매력적인 여성을 상징하는

모습 중 하나다. 지난 2,000년간 미술 작품을 분석한 결과 머리를 기울인 여성이 남성보다 3배 많았다. 광고에서도 비슷하다. 대부분의 여성 모델은 머리를 기울여서 더 매력적인 모습을 연출한다. 모델이 아닌 일반 여성도 사진을 찍을 때 머리를 살짝 기울이는 모습을 흔히 볼 수 있다.

여성은 호감 가는 이성 앞에서 본능적으로 머리를 기울인다. 연구에 따르면 여성은 머리를 왼쪽으로 기울일 때 더 매력적으로 보인다고 한다. 여성적인 매력을 드러내야 할 상황에서는 머리를 왼쪽으로 살짝 기울이는 것도 방법이다. 여성적인 매력을 중요시하는 직업의 면접이라면 머리를 오른쪽보다 왼쪽으로 기울이는 것이 좋다. 반면 남성은 왼쪽으로 머리를 기울이면 바람기가 있는 것으로 보인다고 한다.

keyword

여성스럽게 머리를 기울이는 남성 강연자를 보며 여성들이 박장대소한 이유는 '그래, 나도 그랬어'라는 공감이 있기 때문이다. 결혼하고 아이를 키우며 바쁘고 억척스럽게 살다 보면 머리를 기울이며 수줍게 웃던 것은 다 지나간 일이라는 생각이 드는 때가 온다. 그리고 예전의 '소녀 감성'이 그리워진다. 다른 누군가를 위해서가 아니라 나를 위해서 다시 머리를 기울여보자. 방향은 왼쪽이다. 매력적인 그녀가 오랜만에 다시 찾아올지도 모른다.

손바닥을 펼치면
마음이 열린다

#개방적 #자신감 #호감 #권위적
#집중 #부부싸움은ᅳ대화로해요

사람들은 다른 사람의 손바닥을 눈여겨보지 않는다. 그리고 특별한 의미 없이 손바닥을 아래위로 움직인다. 그러나 손바닥 방향에는 중요한 의미가 담겨 있다. 손바닥의 방향에 따라 전달되는 신호가 다르다. 대부분의 사람은 그것을 인지하고 활용하지 않는다. 손바닥의 방향에서 발견되는 몸짓언어 신호는 꽤 흥미롭다. 손바닥의 방향에 내포된 의미를 이해하고 활용한다면 큰 도움이 될 것이다.

열린 마음을 보여주는 손바닥

손바닥의 방향에서 속마음을 읽을 수 있다. 손바닥을 펼쳐 보이는 것은 복종적이고 개방적인 자세다. 모든 것이 열려 있다는 뜻을 손으로 보여주는 것이다. 손바닥을 펼쳐 보이는 것은 '진실'과 관련이 깊다. 사람은 상대방을 속이거나 숨길 때 손을 덜 움직이고 손을 드러내지 않는 경향이 있다. 특히 손바닥을 펼쳐 보이지 않는다. 앉아 있을 때는 손을 내려 테이블 아래에 두고, 서 있을 때는 주머니에 손을 넣거나 주먹을 쥐거나 물건을 잡고 있다.

경찰이나 검사처럼 진실과 거짓을 구분해야 하는 직업을 가진 사람들은 손바닥의 방향으로 진실 여부를 파악한다고 한다. 손바닥을 펼쳐 보이면서 거짓말하기는 어렵다. 잘 훈련된 거짓말쟁이는 가능할 수도 있지만 대부분 사람은 불가능하다.

한 실험에서 손바닥을 펼쳐 보이는 자세가 강의의 만족도에 미치는 영향에 대해 연구했다. 강의 내용은 같았으나 손바닥을 펼쳐 보이며 강의한 경우에는 84퍼센트가 긍정적인 평가를 했고, 손바닥을 아래로 향한 경우에는 52퍼센트만이 긍정적인 평가를 했다.

누구나 진실해 보이고 마음이 열려 있는 사람에게 호감을 갖게 된다. 무엇인가 숨기는 것 같고 마음이 닫혀 있는 사람에게 호감을 갖기 어렵다. 특히 첫 만남에서는 더욱 그렇다.

손바닥을 펼치면 솔직해 보인다

협상의 자리에서 상대방의 손을 보라. 협상을 시작할 때 테이블 위에 있던 손이 어느 순간 테이블 아래로 내려간다면 부정적인 마음이 생긴 것이다. 상대방이 협상에 긍정적이라면 손은 테이블 위에서 편안하게 움직일 것이다.

상대방이 어떤 질문에 긍정적인 대답을 하면서 손을 주머니에 넣거나 테이블 아래에 숨긴다면 속마음은 긍정적이지 않을 가능성이 있다. 그런 행동에 이어 대화 주제를 바꾼다면 더욱 확실하다.

여성은 다른 사람이 거짓말할 때 속마음을 잘 읽는다. 예를 들어 아이가 등 뒤로 손을 감추거나 남편이 주머니에 손을 넣거나 팔짱을 끼면서 손을 감추면 무언가 이상하다고 생각한다. 몸짓의 신호를 읽는 것이다. 몸짓언어에 대한 이론 지식이 없어도 신호를 읽을 수 있다.

조직의 리더가 손바닥을 펼쳐 보이면 포용력 있게 느껴진다. 직장 상사가 손바닥을 펼쳐 보이면서 업무 지시를 하면 권위적이지 않다고 느낀다. 다소 무거운 업무를 지시받아도 마음을 열고 수용하게 된다. 고객이 상품을 구입하지 않는 이유를 설명하면서 손바닥을 펼쳐 보이면 그것은 진짜 이유다.

사람은 선의든, 악의든 자주 거짓말한다. 그런데 손바닥을 펼쳐 보이는 몸짓을 자주 하면 거짓말을 덜 하게 된다고 한다. 손바닥을 보이면서 거짓말하기 어렵기 때문이다.

대인 관계에서 손바닥을 펼쳐 보이는 몸짓은 매우 중요하다. 40

손바닥을 펼쳐 보이는 자세.

대화할 때 손을 펼쳐 보이며 손을 자유롭게 움직이는 사람은 솔직하고 자신감이 넘쳐 보인다. 신뢰할 수 있는 사람이라는 인상을 준다. 남녀 관계에서도 마찬가지다. 사람의 손바닥은 무궁무진한 대인 관계의 통로다. 상대방의 마음을 열고 싶다면 자신의 손바닥을 먼저 열어 보여야 한다.

단호하고 권위적인 손바닥

손바닥을 아래로 향하게 하는 것은 상대방을 제압하려는 강한 몸짓으로, 권위적인 자세다. 상대에게 권위적으로 보여야 할 때나 단호하게 의사를 전달할 때 주로 취하는 자세다. 자녀의 나쁜 습관을 고쳐야 하는 부모나, 조직의 위계질서를 바로잡

아래로 향하는 손바닥은 권위적이고 제압하려는 인상을 준다.

아야 하는 관리자에게 유용한 몸짓이다.

하지만 이 몸짓은 꼭 필요한 경우가 아니라면 삼가야 한다. 부하 직원이 상사에게 이 몸짓을 하면 상사는 부하가 자신을 존중하지 않는다고 느낄 수 있다. 상사 역시 동료나 부하에게 이 몸짓을 자주 하면 지나치게 권위적으로 보일 수 있다.

유명인 중 이 몸짓을 가장 잘 활용한 사람은 아돌프 히틀러다. 히틀러는 유독 손바닥을 아래로 향하는 자세를 많이 취했는데, 그 몸짓에서 세상을 자신의 손바닥 아래에 두겠다는 강한 의지를 느낄 수 있다. 지금은 유연하고 공감 능력이 뛰어난 부드러운 카리스마가 필요한 시대다. 상대방과 시선을 맞추고, 손바닥을 펼쳐 보이고, 몸은 상대방을 향하게 하고, 얼굴에는 미소를 지어야 한다. 히틀러와 같은 독재자로 비치고 싶지 않다면 이 몸짓을 습관적으로 사용하지 않도록 해야 한다.

하지만 적절하게 사용한다면 강조나 단호함을 효율적으로 전달할 수 있다. 강연이나 프레젠테이션을 할 때 말하는 중간에 짧은 침묵과 함께 이 몸짓을 사용하면 대중의 시선을 집중시킬 수 있다. 상품에 대해 설명하면서 중요한 내용을 말할 때 손을 아래로 향하게 하면 강조의 표시가 된다.

"집중하세요"라고 말하는 손바닥

학창 시절 선생님들은 소란스러운 학생들 앞에서 "잠깐만", "여러분", "집중하세요"라고 하며 손바닥을 정면으로 내보이는 몸짓을 했다. 이 몸짓은 멈추라는 의미다. 이제 그만 떠들고 나에게 집중하라는 뜻을 강하게 전하는 것이다.

여러 명이 모여서 회의를 하거나 대화를 하다 보면 듣는 사람은 없고 말하는 사람만 있을 때가 있다. 이럴 때는 주의를 집중시켜야 한다. 이러한 상황을 정리하는 데 손바닥을 정면으로 보이는 자세가 도움이 된다. 양손을 마주 잡고 "내 말 좀 들어보세요"라고 말하는 것보다 손바닥을 정면으로 보이면서 "내 말 좀 들어보세요"라고 하면 의사가 더 강하게 전달된다.

대화 중 의견 충돌이 있거나 감정이 격해져서 언성이 높아질 때 이 몸짓으로 상대방에게 진정하고 내 말을 들어보라는 의미를 전달할 수 있다. 손바닥을 정면으로 보이는 자세는 상대방을 제어하는 강력한 효과가 있다. 하지만 상대방의 감정 상태에 따라 반

정면으로 내보이는 손바닥은 사람들을 집중시킨다.

감을 살 수도 있으니 상황에 따라 적절히 사용해야 한다.

부부 싸움을 하거나 상대의 잔소리가 계속 이어질 때 이 몸짓을 활용해도 좋다. 계속 쏘아붙이는 상대가 있다면 손바닥을 내보여보라. 몸짓언어 해독 능력이 뛰어난 사람이라면 바로 멈출 것이다. 손바닥을 정면으로 내보여 상대의 말을 멈추게 한 후 대화를 시작하자. 피하는 것만이 상책은 아니다. 이 몸짓으로 싸움은 멈추고 대화를 시작할 의도가 있다는 것을 전달하도록 하자.

keyword

손바닥의 방향으로 진실함을 드러내 보일 수 있고, 권위를 드러내 보일 수 있고, 상대방을 집중시킬 수 있다. 대화의 분위기를 전환할 수도 있다. 손을 펴서 손바닥을 들여다보라. 손바닥을 펼쳐 상대방에게 보이는 몸짓을 해보라. 어렵지 않다. 손바닥의 방향을 바꾸는 것은 간단하고 활용하기 쉬운 몸짓이다. 손바닥을 활용하면 진실하고 자신감 넘치는 사람으로 보일 수 있다.

걸음걸이로도
인상이 달라진다

나는 일의 특성상 자주 호텔 로비에서 사람을 만난다. 호텔 로비는 시간대에 따라 붐비기도 하고 한가롭기도 하다. 내가 약속을 잡는 시간에는 대부분 한가롭다. 한가로운 로비에서는 멀리서 상대방이 걸어오는 모습을 볼 수 있다. 걸음걸이에서부터 상대방이 어떤 사람인지 파악할 수 있다. 호텔 로비에서 예의 바르면서도 자신감 넘치는 사람을 자주 만난다. 바로 호텔의 세일즈를 담당하는 호텔리어들이다.

발걸음=자세 × 속도+가볍게

첫인상에서 걸음걸이는 매우 중요하다. 자세와 속도에 따라 첫인상이 좌우된다. 자신감이 있는 사람으로 보이기도 하고 우울하고 의욕이 없는 사람으로 보이기도 한다. 발걸음이 가볍고 보폭이 적당하면 자신감 넘치는 사람으로 느껴진다. 비즈니스 만남에서는 신뢰감 있고 전문성 있게 보이는 것이 중요하다. 상체는 곧게 펴고 팔은 편안하게 흔들면서 가벼운 발걸음으로 걸어가야 한다.

걸음걸이 하면 떠오르는 장면은 레드 카펫이다. 레드 카펫을 걸어 포토 존 앞에 서는 연예인의 목적은 멋진 의상과 포즈를 보여주는 것이지만, 그들을 더 빛나게 해주는 것은 당당한 걸음걸이다.

걷는 속도가 빠르면 바쁘고 활동적이며 할 일이 많고 유능한 사람으로 보인다. 대인 관계가 원만해서 찾는 사람이 많은 것처럼 보이기도 한다. 각 분야의 리더들은 성큼성큼 걸으면서 자신의 강력함을 드러내기도 한다. 하지만 너무 빠르게 걸으면 쫓기는 듯하고 불안해 보일 수 있으니 속도는 적당히 조절해야 한다.

반듯하게 걸으면 자신감이 생긴다

걸을 때는 어깨를 뒤로 젖히고 목은 하늘을 향해 쭉 편 상태를 유지해야 한다. 구부정한 자세로 걷는 사람은 무력하게 느껴진다. 게으른 사람이 아닌데도 게으른 사람으로 보인다. 걸음에서는 활력이 느껴져야 한다. 반듯하게 걸으면 자신감이 생긴다.

우선, 다리를 질질 끌며 걷지 않아야 한다. 보폭은 30~60센티미터가 적당하다. 분명한 목적과 방향성을 갖고 힘차게 걸으면 내면 깊은 곳에서부터 당당함이 올라올 것이다.

살다 보면 늘 에너지가 넘치고 기분 좋은 날을 보낼 수는 없다. 기운이 없는 날 중요한 만남이 있다면 의도적으로 신경 써서 걷는 것이 좋다. 하루의 첫 발걸음이 그날의 컨디션을 좌우한다. 아침에 문을 열고 나설 때 당당하고 씩씩한 걸음을 내딛자. 자신감 넘치는 하루가 시작될 것이다.

keyword

예의 바르면서도 자신감이 넘치는 모습은 누구에게나 호감을 준다. 함께하면 기분이 좋고 활력이 느껴지는 친구나 동료가 있다면 그들의 발걸음을 눈여겨보라. 경쾌한 발걸음을 보다 보면 내 발걸음도 가볍고 경쾌해질 것이다. 걸음걸이는 얼마든지 연습해서 바꿀 수 있다. 우리는 매일 걷는다. 기왕 걷는 것, 멋지고 자신감 있게 걷자. 내가 딛는 땅이 레드 카펫이고 내가 서는 곳이 바로 포토 존 아닌가?

몸의 방향은
본심을 알려준다

#호감 #관심 #불편 #편안
#부부가싸우면등돌리고자요

어린아이와 의사소통하는 것은 쉽지 않다. 돌이 지나면 말을 알아
듣는 듯하다가도 때로는 아닌 듯한 난감한 상황을 수시로 맞이한
다. 말을 한두 마디 하기 시작하면서 자아가 형성되며 고집도 생
긴다. 자기가 하고 싶은 대로 안 되면 울고 물건을 던지기도 한다.
그럴 때 양육자는 그렇게 하면 안 된다는 것을 단호하게 보여주어
야 하는데 화를 내거나 소리를 지를 수도 없는 노릇이다. 이때 가
장 효과적인 방법이 몸을 돌리는 것이다. 말과 함께 몸의 방향을
돌려서 아이에게 등을 보여주면 말을 못 하는 아이도 상황을 이해
하고 다시 양육자와 마주 보려고 애를 쓴다.

몸의 방향은 마음의 방향이다

사람은 호감이 가는 사람이 있으면 그 사람 쪽으로 몸을 향하게 된다. 몸의 방향은 상대방에게 존중을 표하는 효과적인 방법이기도 하다. 반면 불쾌한 사람이 있으면 몸을 돌리게 된다. 상대방의 몸의 방향이 다른 곳을 향하면 무시당하는 느낌을 받고 대화 중인 사람이 방향을 틀면 대화에 관심이 없다고 느낀다.

사랑에 빠진 연인은 몸 전체가 서로를 향한다. 부부 싸움을 한 부부는 등을 돌리고 잔다. 몸의 방향이 마음의 방향이기 때문이다.

대화를 하다가 어느 순간 상대방이 몸을 돌린다면 대화의 내용에 흥미를 잃었다는 의미다. 아무리 고개를 끄덕이고 있어도 몸이 다른 쪽을 향해 있다면 이미 마음이 떠났다는 뜻이다. 몸의 방향은 속마음을 그대로 드러내는 '속마음의 얼굴'이다. 사람은 싫은 것과 마주하지 않는다.

협상이나 회의 자리에서 집중하고 있다는 것을 전하고 싶다면 그 자리를 이끌고 있는 사람에게 얼굴과 몸이 향하도록 하자. 직장에서 동료가 내 책상으로 찾아왔다면 얼굴만 돌리지 말고 의자를 돌려서 얼굴과 몸이 그를 향하도록 하자. "특별한 이유는 모르겠는데 참 호감 가는 사람이야"라며 좋아하는 사람이 늘어날 것이다.

몸은 정면을 향하고 있는데 불쾌한 느낌이 들 때도 있다. 공격적으로 마주하고 있을 때다. 여성보다 남성이 공격적으로 마주할 때 불쾌감을 느낀다. 남성은 상대방이 정면보다는 비스듬히 있을 때 우호적으로 느낀다고 한다.

업무 관계로 처음 만나는 사람이 남성이라면 정면으로 다가가지 않는 것이 좋다. 남성은 정면으로 다가가면 방어기제가 발동해 상대를 경계한다. 첫 만남에서 상대방에게 경계심을 주는 것은 도움이 안 된다. 또한 여성이 남성을 향해 정면으로 다가가면 남성은 상대가 이성적인 호감이 있다고 오해할 수 있다. 여성에게는 정면이나 약간 비스듬하게 다가가는 것이 좋다. 주의할 점은 뒤에서 다가가지 않아야 한다는 것이다. 여성은 뒤에서 다가오면 공격의 신호로 받아들여서 불편하고 불안해한다.

호감이 있으면 몸도 기운다

마주 앉은 연인의 모습을 보면 몸이 서로를 향해 있다. 그리고 몸을 앞으로 기울여 맞닿을 듯하다. 마치 자석에 붙으려는 듯이 말이다. 사람은 마주 앉은 상대방에게 호감이 있을 때 몸을 앞으로 기울이게 된다. 마주 앉은 사람의 몸이 얼마나 기울어졌는지를 보고 둘 중 누가 더 좋아하는지도 예측할 수 있다. 더 좋아하면 더 기울이게 된다.

듣는 사람이 몸을 기울이면 상대는 말을 더 많이 하게 된다. FBI에서도 용의자를 취조할 때 이 방법을 활용한다고 한다. 입을 다물고 있던 용의자가 입을 열기 시작하면 몸을 앞으로 기울여서 더 많이 말하도록 유도하는 것이다.

의도적으로 몸을 기울이는 것을 대인 관계에 활용할 수 있다. 하지만 대화가 시작되자마자 앞으로 몸을 기울이거나, 지나치게 앞으로 기울이면 상대방에게 부담을 줄 수 있다. 적당한 시점에, 적당한 기울기로 몸을 기울여야 한다.

상대방과 친밀한 관계가 아니라면 몸을 앞으로 살짝 기울이면서 상대방이 불편한지 편안한지 파악해야 한다. 자신이 몸을 앞으로 기울였는데 상대방이 몸을 뒤로 움직이면서 거리를 유지하려 한다면 상대방은 아직 친밀감을 형성할 준비가 안 된 것이다. 상대방도 같이 몸을 앞으로 기울인다면 마음이 열렸다는 뜻이다. 이 과정은 상대방이 알아채지 못하도록 자연스럽게 해야 한다.

'굿 리스너'는 몸을 앞으로 기울인다

영업을 하는 A 씨는 호감 가는 외모에 사교적인 사람이다. 그는 첫인상이 좋은데도 대화를 하다 보면 묘하게 불편했다. 그의 행동을 관찰해보니 상대방에게 몸을 지나치게 기울이고 상대방을 뚫어지게 응시하는 습관이 있었다. 그는 그저 상대에 대한 관심을 표현하려는 것이었지만, 아직 친하지 않은 사이에서는 부담스럽게 느껴졌다. 다행히 그는 문제를 알고 나서 습관을 바꾸었다. 습관을 바꾸자 그와의 대화는 훨씬 편해졌고, 다른 사람들도 같은 것을 느꼈던 것인지 영업 매출도 올라갔다고 한다.

영업을 하거나 고객을 응대할 때는 이 몸짓을 좀더 신중하게 사용해야 한다. 말을 할 때 몸을 앞으로 기울이지 말고 상대의 말을 들을 때 몸을 앞으로 기울여야 한다. 영업할 때 몸을 너무 앞으

몸을 앞으로 기울이는 것은 관심이 있다는 신호다.

로 기울이면 지나치게 적극적이라는 인상을 줄 수 있다. 고객 입장에서는 부담스러울 수밖에 없다. 테이블 위에 자료를 펼쳐 함께 보면서 자연스럽게 몸을 기울이는 상황을 만드는 것은 괜찮다.

몸을 뒤로 기대는 이유

몸을 뒤로 기대는 것은 부정적인 신호다. 상대방이 싫거나 피하고 싶을 때는 상대방과 거리를 두고 싶어진다. 그 자리를 피하고 싶지만 그럴 수 없으니 몸을 뒤로 기대게 된다. 상대에게 우월감을 드러내고 싶을 때도 이 자세를 취한다.

대화를 하다가 몸을 뒤로 기대는 것은 공간 확보가 필요하다

상대방과 거리를 두고 싶을 때 몸을 뒤로 기댄다.

는 의미일 수 있다. 둘 사이의 거리가 불편하게 느껴진 것이다. 자신의 몸이 앞으로 기울어져 있다면 몸을 바로 해야 한다. 그러면 상대방도 뒤로 기댄 몸을 바로 할 것이다. 대화할 때마다 상대방의 몸이 뒤로 기대어진다면 자신이 습관적으로 몸을 앞으로 기울이는 것은 아닌지 파악해야 한다.

20대 여성인 B 씨는 데이트하는 남자가 자신을 좋아하는지 의심이 들었다고 했다. 이유를 물어보니, 그 남자는 데이트할 때마다 의자 등받이에 기대서 다리를 꼬고 앉아서 대화를 했다고 한다. 결국 B 씨는 그 남자가 자신을 좋아하지 않는다는 결론을 내렸다. 늘 거만해 보이는 남자의 태도가 상당히 거슬렸기 때문이다.

남녀의 만남에서 남성이 상대 여성에게 지배적인 욕구를 드러내고자 할 때 자신도 모르게 뒤로 기대는 자세를 취할 수 있다. 이 자세는 데이트할 때 전혀 도움이 되지 않는다. 데이트할 때는 다리를 꼬지 말고 몸을 앞으로 기울여서 관심과 존중을 드러내는 것이 좋다. 자신도 모르게 뒤로 기댄 몸짓 하나로 '이유도 모르는 채' 좋아하는 사람을 놓칠 수도 있다.

비스듬히 앉는 것은 편안하다는 신호

어려운 자리나 불편한 자리에서는 몸을 똑바로 세우게 된다. 목과 허리를 펴고 어깨도 편다. 긴장감은 몸으로 드러나게 된다. 반면 편안할 때는 몸이 비스듬해진다. 머리를 기울이기도 하고 몸의 방향도 비스듬하게 기울인다. 마음의 편안함이 몸으로 드러난다.

비스듬히 몸을 옆으로 기대어 앉는 것은 편안함의 표시다. 같이 있는 사람에게 호감이나 친밀감이 있을 때 취하는 자세다. 카페나 버스 정류장에서 남자 친구에게 살짝 기대고 있는 여성을 흔히 볼 수 있다. 젊은 여성들은 친구들과 함께 있을 때도 이 자세를 자주 취한다. 이 자세를 취하고 있는 사람들 사이에서는 좋은 에너지가 느껴진다. 서로 공감하고 마음이 열려 있기 때문이다. 함께하는 그 순간이 편안하다는 신호다.

keyword

몸의 방향을 보라. 진료하는 의사의 몸이 모니터로 향하고, 학생과 대화하는 교사의 몸이 책상으로 향하고, 자녀와 함께 있는 부모의 몸이 텔레비전이나 스마트폰으로 향해 있다면 몸의 방향을 돌려야 한다. 동료에게, 고객에게, 사랑하는 가족에게 몸이 향하도록 하자. 비즈니스의 성과가, 학생의 미래가, 가족의 행복이 몸의 방향에 따라 좌우된다.

호감을 부르는 3대 몸짓언어

호감 가는 인상은 대인 관계에 매우 강력한 무기다. 호감 가는 인상은 대인 관계의 문을 여는 만능열쇠와 마찬가지다. 다음 3가지가 습관이 되도록 하자.

- 눈썹 살짝 올리기: 상대방에게 관심과 호감의 마음을 갖자.
- 머리 기울이기: 머리를 오른쪽이나 왼쪽으로 살짝 기울이자.
- 미소 짓기: 입꼬리가 올라가고 눈가에 주름이 잡히는 진실한 미소를 짓자.

눈맞춤의 기술 개발하기

거울을 보며 자신의 눈을 응시하자.

나를 사랑하는 마음을 가득 담아서 내 눈을 바라보자. 모든 대인 관계는 자신을 신뢰하고 사랑하는 마음에서 출발한다. 이 연습은 눈빛에 힘을 실어준다. 눈빛이 더 깊어질 것이다.

하루에 5명의 눈을 보라.

처음에는 시선을 마주치는 것이 불편할 수 있다. 사람들의 눈을 관찰해보라. 눈동자 색깔이나 쌍꺼풀이 있는지를 살피는 것부터 출발하면 좀더 쉽다. 차차 시선을 마주치는 것이 편하게 느껴질 것이다.

눈을 마주치면서 대화하는 연습을 해보라.

상대방의 시선을 파악해보라. 그리고 상대방에게 시선에 대한 느낌을 물어보라. 자신이 어떤 눈빛으로 그 사람을 바라보고 있는지 확인해보아야 한다. 잘못된 시선은 당장 고쳐야 한다.

진실한 사람으로 보이는 몸짓언어

사람들이 흔히 말하는 '인상이 좋은 사람'은 진실해 보이는 사람이다. 진실해 보이면 대인 관계에서 얻는 것이 많다. 대화를 하면서 다음 몸짓을 하는 습관을 들이면 진실한 사람으로 보일 것이다. 작정한 사기꾼이 아니라면, 진실한 사람으로 보이기 시작하면 실제로도 진실한 사람이 된다.

  o 상대방과 시선을 마주친다.
  o 미소를 짓는다.
  o 상대방이 말할 때 고개를 끄덕인다.
  o 머리를 옆으로 살짝 기울인다.
  o 손바닥을 펼쳐 보인다.

Plus Tip

ㅇ 몸과 얼굴, 발이 상대방을 향한다.

ㅇ 팔짱을 끼지 않고 다리를 꼬지 않는다.

ㅇ 공감의 표현을 할 때 가슴에 손을 올린다.

면접 볼 때 눈과 손의 움직임

면접 때는 면접관과 적절한 눈맞춤을 해야 한다. 눈맞춤은 업무를 잘 수행할 믿음직한 사람이라는 확신과 자신감을 보여준다. 눈맞춤이 충분하지 못하면 사교적이지 못하고 무능력한 사람으로 보인다. 반대로 눈맞춤이 너무 과하면 오만하고 공격적인 사람으로 보인다. 적절한 눈맞춤은 전체 대화 시간의 60~70퍼센트 정도 눈을 맞추는 것이다. 면접 때는 긴장해서 적절한 눈맞춤 시간을 계산하기 힘들기 때문에 평소에 연습해두는 것이 좋다.

면접 때는 손의 움직임도 중요하다. 손을 너무 많이 움직이면 어수선해 보이고 움직이지 않으면 자신감 없고 경직되어 보인다. 경력직 면접은 분위기가 한층 부드럽고 자연스럽지만 신입 사원 면접은 긴장감이 높다. 면접을 보는 사람은 대부분 두 손을 가지런히 모으고 대답한다. 진심을 전하고 싶거나 강조하고 싶은 부분이 있다면 손바닥을 펼쳐 보이자. 신입 사원의 패기를 보여주는 것도 좋다. 손바닥을 펼쳐 보이며 입사 각오를 드러내면 인상적으로 보일 수 있다. 평소에 이런 동작을 사용하면서 자연스러운 몸

Plus Tip

짓이 되도록 하자. 부자연스러우면 어색한 몸짓만 면접관들의 기억에 남을 수 있다.

chapter 2.
친밀감의 기술

: 친근하게,
하지만
만만하지 않게
다가가기

소통의 문을 여는 '열린 자세'

#호감 #친밀감 #신뢰 #개방적 #사교적
#자신감 #업무지시는 단호하게

사무실에 들어갈 때마다 출입문에 출입증이나 지문을 찍어야 한다. 출근할 때는 물론, 식사하러 나가거나 잠시 화장실에 갔다가 들어올 때도 번번이 카드나 지문을 찍어야 하니 번거롭다. 가끔 청소를 하거나 짐을 옮기려고 문이 열려 있으면 정말 편하다. 아무런 절차 없이 출입문을 통과할 수 있기 때문이다. 닫혀 있는 문을 여는 과정은 간단하지만 귀찮다. 보안상 그럴 수 없다는 것은 알지만, 늘 문이 열려 있었으면 좋겠다고 생각하곤 한다.

사람 사이에도 보이지 않는 문이 있다. 이 문을 열고 닫는 것은 몸짓언어다. 몸짓언어로 관계의 문을 닫을 수도 있고 열 수도 있다. 이 차이는 대인 관계에 막대한 영향을 끼친다. 이것을 열린

62

자세와 닫힌 자세라고 한다.

자세만으로 전달하는 호의와 신뢰

열린 자세는 양팔이 자연스럽게 벌어져 있고 손바닥은 위를 향해 있으며 발이나 다리를 꼬지 않은 자세다. 열린 자세는 개방과 수용의 신호를 전달한다. 열린 자세로 있으면 손을 자주 움직이게 된다. 머리와 몸, 발과 다리는 상대방을 향한다. 시선은 상대방을 향해 있고 가슴은 편 상태다. 몸이 상대방 쪽으로 기울어지기도 한다. 이런 자세는 상대방과 대화하고 싶다는 호감의 표시다. 사람들은 상대방에게 친근감을 느낄 때 열린 자세를 취한다. 열린 자세를 취하면 상대방에게도 호의와 신뢰가 전달된다.

주변을 둘러보면 눈에 띄게 사교적인 사람들이 있다. 그들을 관찰해보면 대부분 열린 자세를 하고 있다. 특별히 설득을 잘 하는 사람도 살펴보면 열린 자세로 대화하는 것을 알 수 있다.

열린 자세는 활짝 열려 있는 소통의 문이다. 열린 자세를 취하면 의사소통, 감정 소통이 쉬워진다. 문이 열려 있기 때문에 누구와도 자유롭고 편하게 소통할 수 있다.

닫힌 자세는 자신감 없어 보인다

팔짱을 끼고, 다리나 발을 꼬고, 목을 움츠리고 몸을 웅크리는 것은 닫힌 자세다. 손바닥을 감추고 손도 많이 움직이지 않는다. 닫힌 자세는 상대방보다 약자라는 것을 드러내는 신호다. 닫힌 자세를 하면 자신감이 없어 보인다. 닫힌 자세를 하는 사람들을 관찰해보면 새로운 사람을 만나는 것을 어렵고 불편하게 여긴다. 이런 사람은 팔이나 물건을 이용한 방어막을 형성해서 자신을 방어하기도 한다.

대화를 하고 있는데 상대방이 눈·코·입·귀 중 한 군데를 만지고, 손가락을 만지고, 다리를 꼬고, 몸을 뒤로 기댄다고 생각해보자. 특별히 기분이 나쁠 일은 없지만 상대가 이 4가지 행동을 연속적으로, 혹은 동시에 한다면 기분이 불쾌해질 것이다. 상대가 대화에 불만이 있는 것은 아닌지, 뭔가 불안한 것은 아닌지 생각하게 될 것이다.

노스이스턴대학 데이비드 데스테노David Desteno 교수는 이 4가지 몸짓이 상호작용하면 상대방에게 매우 부정적인 신호가 전달된다는 것을 증명했다. 심지어 대화 상대가 로봇일 때도 마찬가지였다. 로봇에게 대화 중 이 4가지 몸짓을 연속으로 하게 했더니 상대방은 속고 있는 기분을 느꼈다고 한다.

닫힌 자세는 닫혀 있는 문이다. 닫힌 자세를 취하면 의사소통, 감정 소통을 하기가 어렵다. 문이 열려 있어야 사람이 들어올수 있다. 닫힌 자세를 하고 의사소통이 잘 되기를 바라는 것은 문을 닫아놓고 사람들이 들어오기를 기다리는 것과 같다.

사람들은 닫힌 자세를 하고 웅크리고 있는 사람에게 호감을 느끼지 않는다. 매력적이고 자신감 있는 사람이 되려면 닫힌 자세를 그만두고 열린 자세를 취해야 한다.

열린 자세는 요청, 닫힌 자세는 지시

언제 어디서나 열린 자세를 취해야만 하는 것은 아니다. 닫힌 자세가 효과적일 때가 있다. 예를 들면, 직장에서 아래 직원에게 업무를 지시할 때다. 열린 자세는 요청하는 것이고 닫힌 자세는 지시하는 것이다. 아래 직원에게 업무 지시를 해야 할 때는 닫힌 자세가 효과적이다. 그렇게 하면 지시를 받은 사람은 진지하게 받아들이고 순순히 이행하게 된다. 평소 아래 직원이 업무 지시를 잘 따르지 않는 것이 고민이라면 늘 열린 자세로 업무 요청을 하지 않았는지 생각해보아야 한다. 사람들은 배려심 있고 친절한 상사를 편안하게 생각하고 잘 따르지만, 그런 상사의 업무 지시를 진지하게 받아들이지 않기도 한다.

단호한 상사의 모습을 보여주어야 할 때는 부하 직원을 자신의 자리로 불러서 표정 없는 얼굴로 손바닥을 아래를 향하게 하고 업무 지시를 하는 것이 좋다. 부모가 말을 안 듣는 어린 자녀에게 강하게 이야기할 때도 닫힌 자세를 활용할 수 있다. 소리치지 않고 자녀는 제압하는 방법이다. 여성들은 평소 열린 자세를 취하기 때문에 필요할 때 닫힌 자세를 하도록 의식적으로 노력할 필요가 있다.

keyword

사람들은 편하게 소통할 수 있는 사람에게 친밀감을 느끼고 호감을 느낀다. 평소 자신이 닫힌 자세를 하지 않는지 파악해보

라. 만약 그렇다면 열린 자세가 익숙해지도록 연습하는 것이 좋다. 소통의 문이 열리면 사람을 만나는 것이 즐거워진다. 주변 사람들과의 관계가 더 좋아지고, 새로운 만남이 기대된다. 열린 자세의 강력한 힘을 믿어라. 하지만 때로는 닫힌 자세도 필요하다는 것을 잊지 않도록 하자.

올바른 악수로 '이기는 게임'이 시작된다

#신뢰감 #친밀감 #동등 #존중
#호감 #올바른악수법

나는 일의 특성상 새로운 사람을 만날 기회가 많다. 새로운 사람을 만나고 새로운 프로젝트를 준비하는 것은 설레고 기대되는 일이다. 첫 만남이 잘 이루어져서 인연을 계속 이어나가면 보람차고 성취감이 든다. 새로운 사람을 만나다 보면 첫 만남의 중요성을 느끼게 된다. 첫 번째 만남이 좋으면 일에 대한 의욕이 넘치고 상대방에 대한 신뢰가 생긴다. 상대방도 마찬가지일 것이다.

나는 첫 만남에서 하는 인사 방법 중 악수를 가장 선호한다. 악수를 하면 나도 모르게 상대방에게 친밀감이 생기고 상대방도 내게 호감이 있는 듯한 좋은 기분이 든다. 악수는 단 몇 초 만에 사람과 사람을 이어준다. 중요한 것은 올바른 방법으로 악수를 해야 한다는 것이다.

가장 공적인 신체 접촉, 악수

기업 간 합병할 때나 국가 원수 간의 만남이 있으면, 신문 1면에서 두 사람이 악수하는 사진을 볼 수 있다. 보통은 서로에 대한 존중과 예의를 담아 악수를 한다. 그런 사진에서는 긍정의 신호와 좋은 분위기를 느낀다.

악수는 중세 시대부터 사용되었던 것으로 추측한다. 당시 군인들은 소매 속에 무기를 숨기지 않았다는 것을 보여주려고 서로의 손목을 잡았다고 한다. 이러한 인사법이 발달해 손을 마주 잡고 흔드는 지금의 악수가 되었다. 악수가 대중화된 것은 100년 정도밖에 되지 않았다.

악수를 하면 손바닥이 맞닿고 손을 통해 신체 접촉이 이루어진다. 이 신체 접촉은 두 사람을 결속시키고 신뢰감을 형성한다. 올바른 악수를 하면 동등하다는 느낌이 들고 서로를 존중하고 있다는 느낌이 전달된다. 악수는 두 사람의 관계를 발전시킬 수 있는 좋은 기회다. 중요한 만남이라면 악수를 청해서 신뢰감을 형성할 기회를 만드는 것이 좋다.

악수만 잘 해도 호감을 얻는다

악수를 잘 하면 상대방의 본능적인 호감을 얻을 수

있다. 무엇보다 악수를 '잘' 하는 것이 중요하다. 악수를 하면서 기분이 좋아야 한다. 상대방에게 불쾌감을 주는 악수는 하지 않아야 한다.

악수를 통해 상대방의 호감을 얻으려면 악수할 때 손의 각도와 힘을 조절해야 한다. 손바닥이 상대방의 손바닥과 완전히 맞닿게 하고 어느 쪽으로도 기울어지지 않아 수직이 이루어져야 한다. 손을 잡는 힘은 상대방과 비슷한 정도로 맞추어야 한다. 너무 세지도, 약하지도 않은 강도를 유지해야 한다. 손에 힘이 없으면 자신감이 없고 성의 없어 보일 수 있다. 적당하게 힘을 주면 의욕적이고 자신감 있어 보인다.

몸의 방향과 시선은 상대방을 향하고 얼굴에는 미소를 짓는다. 상체는 살짝 기울이고 악수하는 시간은 2~3초 정도 유지한다. 인사말은 악수한 손을 놓기 전에 시작한다.

미국의 한 무역 관련 기관의 조사에 따르면 사람들은 자신과 악수하지 않은 사람보다 악수한 사람을 2배 잘 기억하고 우호적으로 대한다고 한다. 다른 연구에서는 악수를 하면 더 친절하고 설득력 있는 사람으로 느끼고 호감이 간다고 한다.

누군가와 악수를 하면서 따뜻함과 진실을 느껴본 적이 있는가? 흔하지 않다. 그래서 악수를 잘 하면 상대방에게 강한 인상을 남길 수 있다. 사람들은 따뜻함이 느껴지는 사람을 신뢰하고 함께 시간을 보내고 싶어 한다. 악수할 때는 아무 생각 없이 손을 내밀어서는 안 된다. 언제나 진실하고 정중한 태도로 해야 한다.

지배형 악수와 복종형 악수

일반적으로 친밀감과 신뢰를 형성하려고 악수를 하지만 상대방을 통제하고 우월함을 드러내려고 악수를 하기도 한다. 의도적으로 상대를 지배하고자 한다면 손목을 돌려 손바닥이 아래로 향하게 하는 악수를 하면 된다.

한 조사에서 대기업 임원은 먼저 악수를 청하는 경향이 있는 것으로 나타났다. 조사에 참여한 남성 중 80퍼센트 이상이 지배형 악수를 했다. 반면 여성은 30퍼센트 정도만 지배형 악수를 했다. 조직에서 높은 지위에 오른 남성은 지배형 악수를 하는 경향이 있다고 볼 수 있다.

지배형 악수를 하는 사람을 방어하고 싶다면 양손 악수를 이용하면 된다. 상대가 손바닥을 아래로 향한 채 악수를 청한다면

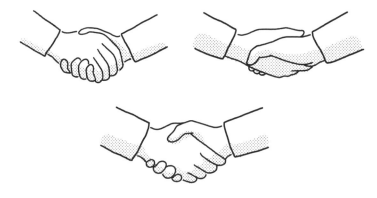

왼쪽 사람 기준으로 왼쪽 위부터
지배형 악수, 복종형 악수, 동등한 악수의 모습.

양손으로 악수를 받으면서 상대방의 손을 돌려세우는 것이다. 상대방은 의식하지 못한 채 우월감을 내려놓게 될 것이다.

악수할 때 자신의 손바닥이 위를 향하게 하면 상대방의 손이 위에 오게 된다. 이 악수는 복종의 의미가 있다. 상대방이 우월감을 느껴야 할 때 복종형의 악수를 활용할 수 있다. 사과하거나 부탁할 때 효과적이다. 그런 경우가 아니라면 복종형 악수는 하지 않아야 한다. 소심해 보이고 자신감 없어 보인다.

두 손을 사용하는 '정치인의 악수'

유명 정치인이나 사업가 중에는 양손으로 악수하는 이들이 있다. '정치인의 악수'라고도 불리는 이 악수를 할 때는 양손으로 상대방의 손을 완전히 감싼다. 한 손보다 신체 접촉이 많아지고 확실히 상대방을 통제할 수 있다. 악수를 청하는 사람은 반가움을 강하게 표현하려고 이런 악수를 청한다. 그러나 친밀하

양손으로 상대방의 손을 잡는 악수는 '정치인의 악수' 라고도 한다.

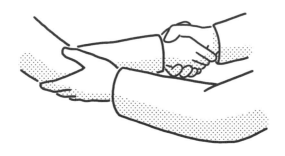

악수를 하며 팔을 붙잡으면 친밀감이 강화된다.

지 않은 사람에게 이 악수를 하면 역효과가 날 수 있다.

상상해보라. 친하지 않은 사람이 성큼 다가와 두 손으로 내 손을 감싸면서 반갑다고 인사한다면 기분이 어떨까? 상당히 부담스러울 것이다. 이 사람이 왜 이렇게 과하게 인사를 하는지 생각하게 된다. 낯선 사이에서 하는 양손으로 맞잡는 악수는 의심을 부른다. 이 악수는 아주 친밀한 관계에서만 해야 한다. 친밀하지 않은 사람이 양손으로 악수를 하려 한다면 속마음을 알아보는 것이 좋다. 상대방을 상당히 사교적인 사람이라고 평가하거나 자신을 열렬히 환영한다고 받아들이고 그냥 넘어가지 않아야 한다. 물론 그럴 수도 있지만 과도하게 친밀감을 드러내는 데는 뭔가 다른 속셈이 있을 수 있다.

악수를 하면서 좀더 친밀감을 드러내고 싶다면 다른 한 손을 상대의 팔이나 어깨에 가볍게 대는 것이 좋다. 이 악수법은 버락 오바마를 비롯한 대통령들이 자주 하는 방법이다. 단, 상대의 팔이나 어깨를 힘주어 잡으면 안 된다. 상대방이 느낄 듯 말 듯 가볍게 손을 대야 한다.

불쾌한 악수

악수는 기본적으로 대인 관계에 긍정적인 작용을 한다. 하지만 부정적인 작용을 할 때도 있다. 땀이 많아서 축축한 손이나 얼음처럼 차가운 손과 악수하면 유쾌한 기분이 들지 않는다.

손끝에 남는 느낌이 첫인상을 좌우할 수도 있다. 좋은 첫인상을 남기고 싶다면 악수 전에 세심하게 준비하는 것이 좋다. 손에 땀이 많다면 악수하기 전에 땀을 닦는 것이 좋다. 손이 지나치게 건조하다면 핸드크림을 바르는 것이 좋다. 차가운 손은 주머니에 넣거나 비벼서 온기를 만들어야 한다. 청결하지 못한 손과 악수하는 것도 유쾌하지 않다. 특히 손톱의 청결 상태는 육안으로 쉽게 확인할 수 있다. 깨끗한 손으로 악수를 청하는 것이 예의다.

악수할 때 손을 너무 약하게 잡거나 손끝만 잡는 것도 상대에게 불쾌감을 줄 수 있다. 특히 여성들은 가볍게 악수하는 경향이 있는데, 이런 악수를 하면 상대방은 성의가 없거나 자신감이 없는 사람이라고 생각할 수 있다.

손을 너무 세게 잡거나 지나치게 손을 흔드는 것도 상대방에게 불편함을 준다. 남성성을 강조하거나 강함을 드러내려고 이런 악수를 하는 남성들이 있는데, 상대방은 배려심 없고 예의 없다고 느낄 가능성이 크다. 특히 여성과 악수할 때는 손의 힘을 잘 조절해야 한다. 여성은 남성에 비해 손힘이 약하기 때문이다.

더 좋은 악수를 만드는 디테일

악수로 동등과 존중이라는 긍정적인 신호를 전달할 수 있다. 이 신호를 전달하려면 상황에 따라 적절하게 악수할 수 있어야 하고, 그러려면 올바른 악수법을 먼저 몸에 익혀야 한다.

여성이 먼저 악수를 청하면 사교적이고 자신감 넘친다는 인상을 줄 수 있다. 강한 첫인상을 남기고 싶다면 먼저 악수를 청해 보자. 첫 만남에서 동등함을 드러내고 싶다면 지나치게 여성성을 강조하는 옷차림은 피하고 적당히 힘을 주어 악수를 하자.

처음 만나는 자리가 테이블을 사이에 두고 있다면, 테이블 위로 악수하는 것보다 테이블을 돌아 가까이 가서 악수를 청하는 것이 좋다. 악수를 하려는데 서로 손을 내미는 시간이 엇갈릴 때가 있다. 이럴 때는 당황하지 말고 악수를 하고 싶다는 말을 한 뒤 자신 있게 손을 내밀자.

keyword

악수는 습관이 되지 않으면 생각보다 쉽지 않다. 익숙하지 않을 때 누군가 악수를 해오면 어색하기만 하다. 에밀리 포스트 Emily Post는 악수는 어릴 때부터 배워야 하는 기본적인 매너라고 강조했다. 악수가 익숙하지 않다면 지금부터 익히도록 하

자. 자녀가 있다면 어릴 때부터 악수를 가르치자. 악수는 간단하고 쉬운 몸짓이지만 효과는 매우 뛰어나다. 비즈니스에서, 사적인 만남의 자리에서 악수의 효과를 경험하기 바란다.

손끝이 살짝 닿으면
공감대가 형성된다

#호감 #친밀감
#유대감 #3배효과

얼마 전에 고객사에 회의를 하러 갔다. 고객사에 도착해서 연락하자 담당자가 나왔다. 그는 웃으면서 예약된 회의실로 우리 일행을 안내했다. 그는 길을 안내하면서 살짝 내 팔꿈치를 건드렸다. 거의 느껴지지 않을 정도였다. 그는 회의가 있을 때마다 한결같이 이렇게 우리를 맞았다. 우리를 매우 정중하게 대하고 기쁘게 맞이한다는 느낌을 받았다. 그의 밝고 매너 있는 행동은 좋은 느낌을 주었다. 무엇보다도 거의 느껴지지 않을 정도로 살짝 닿는 손길은 첫 만남 때부터 마음의 장벽을 허물게 해주었다.

미네소타대학 연구팀은 팔꿈치를 만지는 것의 효과를 실험을 통해 증명했다. 연구팀은 공중전화 부스 선반에 동전을 올려놓고, 공중전화를 찾은 사람이 동전을 발견하면 다가가서 동전을 보지 못했는지 물어보았다. 바로 물어보기도 하고, 질문하기 전 2~3초 정도 상대의 팔꿈치를 만지기도 했다. 질문만 했을 때는 23퍼센트가 동전을 돌려주었지만 팔꿈치를 만지면서 질문했을 때는 68퍼센트가 동전을 돌려주었다. 상대의 팔꿈치를 자연스럽게 만지면 원하는 것을 얻을 확률이 3배 높아진다.

식당에서 종업원이 계산하는 손님과 신체 접촉을 하면 팁이 많아지고, 도서관에서 책을 빌려갈 때 신체 접촉이 있으면 방문자는 사서를 호의적으로 평가한다. 주의할 점은 손을 살짝 스치는 정도의 자연스러운 신체 접촉이었다는 것이다.

신체 접촉은 무의식적으로 긍정적인 영향을 끼친다. 적절한 신체 접촉은 더 좋은 성과를 내는 데 도움을 준다. 의식하지 못하는 사이에 일어나는 가벼운 신체 접촉도 악수와 동일한 효과를 낸다. 사람 간의 유대감과 친밀감을 형성해준다. 상대방이 의식하지 못하는 아주 짧은 시간 동안 손이나 팔뚝에 손을 대는 것만으로도 호의가 생겨난다. 중요한 점은 상대방이 부담을 느끼지 않는 가볍고 자연스러운 신체 접촉이어야 한다는 것이다.

팔꿈치와 손은 공적인 신체 부위

신체 접촉은 강력한 힘이 있다. 그렇다고 해서 함부로 신체 접촉을 시도해서는 안 된다. 신체 접촉은 개인의 성향, 주변의 상황, 문화권에 따라 선호도의 편차가 매우 크다. 신체 접촉을 할 때는 마음만 앞서지 않도록 주의해야 한다. 낯선 사람이나 친밀하지 않은 사람은 손이나 팔꿈치를 가볍게 만지는 정도가 좋다. 팔꿈치나 손은 일반적으로 공적인 신체 분위로 인식되어 낯선 사람이 만져도 민감하게 받아들이지 않는다.

신체 접촉에 민감할수록 팔꿈치를 만졌을 때 효과가 확실하다. 독일·호주·영국은 신체 접촉 빈도가 낮은 편이고 프랑스·이탈리아는 신체 접촉 빈도가 높다. 미네소타대학의 공중전화 부스 실험 결과, 신체 접촉에 민감한 독일·호주·영국에서 팔꿈치를 만지며 물어보았을 때 동전 회수율이 더 높았다.

신체 접촉은 관계의 정도를 나타낸다

신체 접촉은 친밀도를 나타낸다. 남성이 여성의 허리를 만지거나 감싸고 있다면 누구나 연인 또는 부부 사이라고 예측할 것이다. 상대방의 옷에서 보풀을 떼어주거나 주름을 펴주는 것도 관계가 친밀하다는 것을 드러내는 신호다. 일명 '깃털 고르기 몸짓'이라고 한다. 반면 대화 상대가 말하고 있는데 듣는 쪽이 이런 몸짓을 하고 있다면 대화에 관심이 없다는 의미다.

여성은 아무리 가볍더라도 낯선 남성과의 신체 접촉을 부담스러워 하는 경향이 있다. 상대방이 부담스러운 신체 접촉을 시도한다면 상체를 돌리거나 자세를 바꾸어서 피하는 것이 좋다. 여성이 친근감의 표시로 가벼운 신체 접촉을 하면 남성은 더 깊은 관계를 원하는 것으로 오해하기도 한다. 단순한 호감의 표현일 가능성이 높으니 과장해서 해석하지 않는 것이 좋다.

몸이 닿으면 감정도 연결된다

친구가 얼마 전 그리스 여행을 다녀왔다고 하자. 친구가 산토리니섬에서 본 석양이 얼마나 감동적이었는지 말하고 있다. 귀를 기울여 듣는 것도 중요하지만 "멋지다. 정말 좋았겠다"라고 말하며 친구의 팔을 가볍게 만지면 더욱 효과적이다. 상대방이 감정을 드러낼 때 어깨나 팔을 만지면 감정이 연결된다.

우는 아이를 달래거나 재울 때 등이나 가슴을 가볍게 토닥토닥 두드리며 달랜다. 아이는 그 손짓에 울음을 그치기도 하고 잠이 들기도 한다. 가볍게 두드리는 것은 위로의 몸짓이다.

성인도 마찬가지다. 친구나 가까운 동료에게 위로가 필요할 때 등이나 어깨를 가볍게 두드려주면 효과적이다. 가벼운 신체 접촉은 강한 공감대를 형성한다. 단, 친밀하지 않은 관계에서 어깨를 두드리면 무시당하는 느낌을 줄 수 있으니 삼가야 한다.

keyword

신체 접촉은 많은 강점이 있다. 조산아는 신체 접촉만으로도 빠르게 회복하고 성장한다. 대인 관계에서도 신체 접촉은 효과적이다. 비즈니스 자리에서도, 사적인 자리에서도, 파티에서도 적절한 신체 접촉으로 사교적이고 호감 가는 사람이 될 수 있다. 새로운 사람을 상대하는 직업이라면 이 몸짓을 효과적으로 활용해보자. 고객의 만족도가 올라가고 매출이 올라가고 영업 성과가 높아질 것이다. 기억하자. 자연스럽고 가벼운 신체 접촉은 긍정적인 신호다.

보이지 않는 선을
파악하라

#편안함 #불편함 #대화의거리
#제압 #존중 #왈츠는안되요

오래전에 유럽 배낭여행을 했다. 지도 한 장 들고 여행하던 시절이라서 길을 자주 물어야 했다. 일행이 번갈아 가면서 길을 물었는데 유독 한 명이 길을 물으면 사람들이 도망가다시피 했다. 그는 자신의 영어가 문제라고 했다. 영어 실력은 일행 모두가 거의 비슷했기 때문에 영어 문제는 아니었다. 유심히 살펴보니 그의 행동에는 남다른 점이 있었다. 우리는 대부분 여성에게 길을 물었다. 길을 자주 묻다 보니 여성이 더 친절했기 때문이다.

그는 여성의 뒤에 바짝 다가가서 귀에 대고 "Excuse me"라고 속삭였다. 여성들은 깜짝 놀라며 그의 질문을 더 듣지 않고 피해버렸다. 나 또한 누군가가 그렇게 길을 물어온다면 똑같이 행동했을 것이다. 여성은 누군가 뒤에서 다가오면 공격 신호로 받아들여서 경계하게 된다. 또 한 가지는 개인 공간에 대한 문제다. 사람은 누구나 개인 공간이 있다. 그는 자신도 모르게 상대방의 개인 공간을 침범했던 것이었다.

사람마다 다른 개인 공간

사람은 자신의 몸 주변을 자신의 영역이라고 생각하는데, 이를 개인 공간이라고 한다. 개인 공간에 대한 기준은 사람마다 차이가 있다. 팔을 뻗은 정도의 크기를 개인 공간으로 생각하는 사람도 있고 그보다 크거나 작은 공간을 생각하는 사람도 있다. 개인 공간은 마치 사람을 둘러싼 투명한 풍선 같다. 누구나 자신을 둘러싼 풍선이 있다. 개인 공간이 큰 사람은 투명 풍선이 크고, 개인 공간이 작은 사람은 투명 풍선이 작은 것이다.

개인 공간의 기준은 사람마다 다르지만 개인 공간을 침범하면 부담을 느끼는 것은 동일하다. 대인 관계에서 상대방을 불편하게 하는 요소를 제거하는 것은 매우 중요하다. 만나면 '특별한 이유는 모르겠지만' 편안한 사람이 있다. 상대방이 느낄 불편함을 미리 제거하는 사람이다. 그런 의미에서 개인 공간에 대한 이해는 반드시 필요하다. 개인 공간은 태어난 지역, 자란 환경, 부모와의 관계 등에 따라 기준이 달라진다. 개인 공간의 기준에 따라 적정한 대화의 거리가 정해지고 신체 접촉에 대한 선호도를 알 수 있다.

어느 기업에서 주최하는 VIP 초청 파티를 하던 중이었다. 참

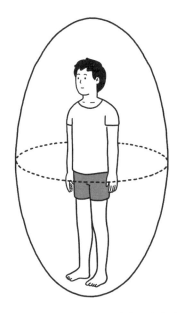

사람 주변에는 그 사람만의 개인 공간이 있다.

석자들이 불편하지 않은지 살펴보던 중 한 남성이 눈에 띄었다. 호감 가는 외모의 그는 인기가 많을 것 같은데 이상하게 사람들에게 환영받지 못했다. 살펴보니 그는 상대방의 개인 공간을 마구 침범하고 있었다. 그와 대화를 시작한 지 얼마 안 되어서 사람들은 슬금슬금 자리를 이동했다. 멀리서 잠시 지켜보았지만 그 패턴은 반복되었다. 그는 자신이 사람들 바로 앞에 몸을 밀착해서 대화하기 때문에 사람들이 불편해한다는 것을 전혀 모르는 듯했다.

처음 사람을 만날 때는 상대방의 개인 공간을 파악해야 한다. 상대방의 개인 공간을 파악하지 않고 성큼 다가갔다가 상대방에게 큰 불편함을 줄 수 있다. 새로운 사람과 관계를 맺으려면 상대방의 개인 영역을 존중해야 한다.

에드워드 홀의 4가지 거리

인류학자 에드워드 홀은 공간이 대인 관계에 미치는 영향을 연구했다. 홀은 눈에 보이지 않는 개인의 공간을 근접학proxemics으로 설명했다. 홀은 사람의 공간을 공적인 공간, 사회적인 공간, 개인적인 공간, 친밀한 공간으로 구분했다.

개인에게서 3.6미터 이상의 공간을 공적인 공간이라고 한다. 강연이나 공연에서 강연자와 청중, 공연자와 관객의 거리가 이 정도다. 상대방을 바라볼 수 있지만 신체 접촉을 할 수 없는 거리기도 하다.

사회적인 공간은 1.2~3.6미터 사이이다. 회의가 진행되는 회의실, 수업 중인 교실에서 교사와 학생 사이에 유지되는 공간을 예로 들 수 있다. 버스나 지하철을 기다릴 때 사람들은 주변 사람들과 이 정도 거리를 유지하려고 애를 쓴다. 첫 만남에서 가장 유의해야 하는 공간이 바로 사회적인 공간이다. 첫 만남에서 상대의 사회적인 공간을 파악해 그 선을 넘지 않도록 주의하는 것이 좋다.

개인적인 공간은 45센티미터~1.2미터 사이의 공간이다. 팔을 뻗으면 닿을 수 있는 정도로, 파티나 모임을 예로 들 수 있다. 파티에서 다른 사람과 이야기를 나눌 때, 친구와 카페에 앉아 있을 때 유지되는 거리다. 상대방과 편하게 대화할 수 있는 거리다.

친밀한 공간은 45센티미터 이내의 공간이다. 이 공간 안에서

~45센티미터 친밀한 공간

45센티미터~1.2미터 개인적인 공간

1.2~3.6미터 사회적인 공간

3.6미터~ 공적인 공간

타인과의 4가지 거리.

는 신체 접촉이 가능하다. 자녀나 배우자, 친한 친구, 연인 등 아주 가까운 사람에게만 허용되는 공간이기도 하다. 이 공간에서는 편하게 신체 접촉을 하고 속마음을 드러낸다.

사회적인 거리를 유지하라

좋은 관계를 유지하려면 적당한 마음의 거리만큼 적당한 몸의 거리도 필요하다. 만남의 목적, 상대방과의 친밀도 등 상황에 따라 적당한 대화 거리를 유지해야 한다. 처음 만나는 사람과는 사회적인 거리를 유지해서 상대방에게 불편을 주지 않도록 해야 한다. 반대로 상대방은 친밀하다고 생각해서 개인적인 거리만큼 가까이 다가왔는데 뒤로 한 발 물러서 사회적인 거리를 유지한다면 상대방은 서운함을 느낄 수도 있다. 의식적으로 상대방과 거리를 두려는 것이 아니라면 상대방의 기준에 맞추어주는 것이 좋다. 비즈니스 관계에서도 사적인 이야기를 할 때는 대화 거리를 가깝게 하기도 한다.

상대방의 개인 공간을 파악하려면, 대화할 때 상대방 앞으로 살짝 이동해보면 된다. 상대방이 뒤로 몸을 움직인다면 개인 공간을 침범한 것이다. 그러면 바로 뒤로 이동해 상대방의 개인 공간을 확보해주자. 상대가 개인 공간을 넓게 쓰는 사람일 수 있다. 만약 앞으로 다가갔는데 상대방이 그대로 있거나 앞으로 다가온다면 상대방은 개인 공간을 좁게 쓰는 사람이다. 그런 사람과는 가까운 거리에서 이야기를 나누는 것이 좋다.

상대방의 개인 공간을 파악하는 또 다른 방법으로는 악수가 있다. 악수할 때 상대방이 내미는 팔의 거리가 그 사람의 개인 공간의 기준이다. 개인 공간을 넓게 쓰는 사람은 악수할 때 팔을 쭉 편다. 반면 개인 공간을 좁게 쓰는 사람은 악수할 때 팔을 굽혀서 상대방에게 가까이 다가가 악수한다.

지위에 따라 달라지는 공간

동네 버스 정류장에 벤치가 2개 있다. 하나는 버스 정류장 바로 옆에 있다. 누구나 그 벤치를 이용할 수 있다. 또 하나는 버스 정류장 뒤에 있는 미용실 앞에 있다. 얼마 전까지 그 벤치도 누구나 이용했다. 최근 미용실 주인이 바뀌면서 벤치 앞을 살짝 막아놓았다. 그 뒤로는 그 벤치를 이용하는 사람을 보지 못했다.

개인 공간뿐 아니라 사람 주변에는 어디든 공간과 영역이 존재한다. 집, 사무실 책상, 자동차 등의 공간이 있고 사람들은 그 공간에 자신의 영역을 표시한다. 이웃집의 정원이 아무리 예뻐도 아무나 들어갈 수 없다. 정원에 울타리로 영역이 표시되어 있기 때문이다.

바닷가나 공원에 놀러 가서 돗자리를 깔아놓거나 도서관 자리에 책을 두거나 의자에 옷을 걸쳐놓는 것도 영역 표시다. 그 공간은 자신이 사용하겠다는 의미다. 연구에 의하면, 도서관 책상 위에 책과 같은 물건을 두면 평균 77분, 의자에 옷을 걸쳐놓으면 2시간 정도 자리를 지킬 수 있다고 한다.

공간과 영역에 대한 개념은 어릴 때부터 형성된다. 어린아이들은 장난감을 펼쳐놓고 영역을 표시한다. 친구들을 그 영역으로 초대하기도 하고, 그 영역을 침범하지 못하도록 막기도 한다. 학교에 가면 학교 책상이, 성인이 되면 사무실 책상이 개인 공간이 된다.

일반적으로 사회적 지위가 올라갈수록 개인에게 주어지는 공간이 넓어지고 영역 표시도 뚜렷해지는 경향이 있다. 비즈니스 관계의 사람을 만날 때 상대방의 지위가 높다면 좁은 테이블보다 넓은 테이블과 의자가 있는 장소를 선택하도록 하자. 상대방은 자신이 존중과 배려를 받고 있다는 것을 느끼고 당신을 더 신뢰하게 될 것이다.

상대방을 제압하고 싶다면 공간을 침범하라

개인 공간을 침범하는 것은 자제해야 하지만 상대방을 제압하려고 의식적으로 할 수도 있다. 상대방의 영역에 침범해서 상대를 집중하게 만들거나 내가 상대보다 우위에 있다는 것을 드러낼 수 있다. 상대방을 압박해서 상황을 자신에게 유리한 쪽으로 이끌 수 있으나 위험 부담도 있으니, 몸짓언어를 노련하게 사용할 수 있을 때 활용해야 한다.

다른 사람의 집이나 사무실에 방문했을 때는 주인에게 어디에 앉으면 되는지 물어보도록 하자. 상대방의 개인 공간이기 때문이다. 상대방의 개인 공간을 존중해야 만남을 기분 좋게 이어갈 수 있다.

직장에서 다른 사람의 책상에 자신의 휴대전화나 볼펜, 서류 등을 올리지 말아야 한다. 이것도 상대방의 영역을 침범하는 것이다. 만약 누군가 자신의 책상에 물건을 올려놓는다면 주변에 있는 테이블이나 선반 같은 곳으로 옮겨 자신의 영역을 지켜야 한다. 작은 무례를 그냥 넘어가면 더 큰 무례로 발전할 수 있다. 직장에서는 언제 부하 직원이나 동료가 경쟁자가 될지 모른다. 자신의 자리, 자신의 영역은 현명하게 지키자.

'적절한 거리'에 정답은 없다

대화할 때 표현이 과감하고 자신 있는 사람이 있고, 조심스러운 사람이 있다. 조심스러운 사람은 개인 공간을 좁게 쓸

가능성이 높다. 이런 사람과 친밀감을 형성하려면 대화할 때 가까이 다가가는 것이 좋다. 그러나 갑자기 다가가기보다는 상대방이 대화의 거리를 조절하도록 기다리는 것이 좋다. 상대방이 대화의 거리를 좁히려고 할 때 조금씩 다가가는 것이다.

사회적 지위가 높은 사람과 대화할 때는 그들의 개인 공간이 넓다는 것을 고려해야 한다. 가까워지고 싶은 의욕이 넘쳐서 성큼 다가가지 않도록 하자. 어떤 사람을 만나든지 상대방의 성향을 먼저 파악해야 한다. 상대방에게 맞추어 균형을 이루고자 하는 노력과 관심이 더 좋은 관계를 만들어가는 발판이 될 것이다.

영국의 동물학자 데즈먼드 모리스Desmond Morris의 말처럼 어쩌면 우리는 따뜻한 접촉에 굶주려 있는지 모른다. 사람들은 자신의 개인 공간에 아무나 들어오는 것을 원하지 않는 반면, 누군가를 자신의 친밀한 공간으로 초대하고 싶은 마음이 있다. 가까운 사람들의 친밀한 공간에 들어가자. 퇴근 후 아이와 진한 포옹을 나누고, 저녁 식사 후 부부가 서로에게 기대어 텔레비전이나 책을 보고, 부모님의 팔다리를 주무르며 이야기를 나누는 따뜻한 공간을 상상해보라. 그런 공간은 상처를 회복하고 에너지를 충전해준다.

아시아인은 개인 공간을 좁게 쓴다

개인 공간의 넓이는 문화의 영향이 크다. 미국인과 일본인이 대화를 하면 마치 왈츠를 추는 것 같은 상황이 벌어진다고 한다. 대화를 하면서 일본인은 계속 앞으로 다가가고 미국인은 계속 뒤로 물러나기 때문이다. 개인 공간의 개념이 서로 다른 사람들이 대화하면 벌어지는 현상이다.

아시아인은 개인 공간이 좁게 쓰는 편이고 서구인은 개인 공간을 넓게 쓰는 편이다. 비즈니스 만남에서 아시아인이 다가가면 서구인은 개인 공간을 침범당했다고 느껴 뒤로 물러난다. 상대방이 예의가 없다고 느끼기도 한다. 반면 아시아인은 거리를 두는 서구인의 행동에 기분이 상한다. 문화적인 차이를 알면 서로 오해하는 일이 없을 것이다.

자란 환경도 개인 공간에 영향을 미친다. 사람이 적은 시골에서 자란 사람은 넓은 공간에 익숙하다. 이런 사람은 개인 공간을 넓게 쓴다. 상대적으로 복잡한 도시에서 자란 사람은 개인 공간을 좁게 쓰는 편이다.

인적이 드문 시골에 사는 사람과 인사할 때는 가까이에 가서 악수하기 전에 멀리서 손을 흔들거나 고개를 깊이 숙여서 인사하는 것이 관계 형성에 도움이 된다. 시골에서 지내는 사람은 개인 공간이 1~2미터, 넓게는 6미터가 되기도 한다. 그들 기준의 개인 공간에 들어갔을 때 인사해야 한다.

keyword

개인 공간은 문화·환경·지위·가족 관계 등 다양한 변수가 작용한다. 그래서 다른 사람의 개인 공간을 파악하는 것은 쉽지 않다. 하지만 공간에 대한 이해와 상대방의 영역을 존중하는 데서 시작하면 큰 실수는 하지 않을 것이다. 이를 바탕으로 사람을 만날 때마다 노하우를 쌓아나가야 한다. 기억해야 할 것은 누구나 지키고 싶은 개인 공간이 있다는 사실이다. 그것만 안다면 낯선 여성의 뒤에 바짝 다가가 길을 물어본다거나, 중요한 만남에서 어색한 왈츠를 추는 일은 없을 것이다.

따라 하면
친해진다

#신뢰 #교감 #편안함 #팀워크
#교사 #중간관리자 #연애의기술

나는 새로운 프로젝트 유치를 위해 새로운 기업의 담당자들과 첫 번째 회의를 앞두면 제안서와 포트폴리오를 철저히 검토한다. 회의에서 할 말도 충분히 준비한다. 하지만 다른 경쟁사도 그 정도는 할 것이다. 나만의 성공 전략은 '따라 하기'다. 대부분 결과는 만족스럽다. 내 경우, 몸짓언어를 활용했을 때 좋은 성과로 이어질 확률이 80퍼센트 이상이었다.

　　길을 걸어가다가 주변에서 지나가던 사람이 갑자기 넘어지면 자신도 모르게 흠칫 놀란다. 왜 다른 사람이 넘어지는 것을 보고 놀라는 것일까? 여기에는 흥미로운 원리가 숨어 있다. 사람의 뇌에 있는 거울신경mirror neuron의 작용이기 때문이다. 거울신경은 일종의 운동 신경으로, 뇌에서 행동에 대한 명령을 내리는 세포다.

　　거울신경은 1990년대 이탈리아 파르마대학의 자코모 리촐라티Giacomo Rizzolatti 교수가 발견했다. 리촐라티 교수는 짧은꼬리원숭이가 손으로 음식을 잡을 때 뇌에서 일어나는 반응을 관찰했다. 짧은꼬리원숭이가 손으로 음식을 잡을 때 활성화되는 세포가 있는데, 이 세포는 다른 원숭이가 같은 행동을 할 때도 활성화되었다.

　　거울신경은 거울처럼 다른 이의 행동을 반영한다고 해서 붙여진 이름이다. '보는 대로 따라 하는 신경'이라고도 불린다. 거울신경은 원숭이보다 사람이 발달되어 있다. 그래서 우리는 다른 사람의 행동을 따라 하고, 누군가의 행동을 보기만 했는데도 직접 그 행동을 한 것 같은 느낌을 받는다. 앞에 있는 사람이 하품을 하면 따라 하고 텔레비전에서 격투기를 보면서 자신도 모르게 깜짝 놀라거나 방어 태세를 취하는 것도 거울신경 때문이다.

교감을 형성하는 본능적인 방법

　　사람은 태아 때부터 심장 박동을 비롯한 신체 기능

마저도 어머니를 따라 하면서 성장한다. 태어난 후에는 부모의 손짓과 몸짓, 말을 따라 하면서 의사소통 방법을 배운다. 부모의 몸짓언어를 배워서 친구를 사귀고 데이트를 하고 대인 관계를 만들어나간다. 부모가 자녀에게 사랑과 신뢰, 애정을 표현하면 자녀도 그러한 감정을 표현하는 사람으로 자란다. 부모는 자신이 자녀에게 보이는 몸짓 하나하나가 자녀의 삶에 얼마나 큰 영향을 미치는지 알아야 한다.

어린이나 성인이나 나이에 구분 없이 사람은 상대방에게 관심이 있으면 무의식적으로 상대의 행동을 따라 하게 된다. 그만큼 상대에게 집중하고 있다는 의미다. 상대의 행동을 따라 하면 무의식중에 친밀감이 형성된다. 상대방을 좋아할수록, 또 대화에 집중할수록 따라 하기는 강하게 나타난다. 대화하는 도중 상대방이 물을 마시면 자신도 모르게 물컵에 손이 가고, 상대방이 몸을 앞으로 기울이면 자신도 몸을 앞으로 기울이는 식이다.

상대의 행동을 따라 하면 친밀감이 생기는 이유는 편안하기 때문이다. 자신과 닮은 모습을 보면 익숙하기 때문에 편안하게 느낀다. 친밀감은 신뢰로 이어진다. 따라 하기는 상대방을 신뢰하게 만들고 교감을 형성한다.

따라 하는 몸짓은 속마음을 말하지 않고도 상대방에게 좋아하는 감정을 표현하는 효과적인 방법이다. 데이트할 때 상대방이 주문하는 음료를 똑같이 주문하거나 상대방의 행동을 따라 하는 모습을 흔히 볼 수 있다. 일부러 그러는 것이 아니다. 자신도 모르게 거울신경이 활성화된 것이다.

아주 사소한 몸짓의 힘

94

편안한 분위기를 만드는 따라 하기

상대방의 몸짓을 따라 하면 상대는 자신도 모르는 사이 경계심이 풀어지고 편안해진다. 경계심이 풀리면 신뢰 형성의 단계로 들어가기 쉽다.

대화나 회의 중에 살짝 하품해보라. 상대방이 대화에 집중하고 있다면 자신도 모르게 하품을 따라 할 것이다. 상대방이 대화에 집중하고 있는지 확인하고 싶다면 테이블 위에 있는 음료를 마셔보는 것도 좋다. 상대방이 집중하고 있었다면 의식하지 못한 채 컵에 손이 가게 되어 있다.

사람은 눈을 깜빡이거나 눈썹을 추켜올리는 몸짓이나 호흡 같은 의식적으로 따라 할 수 없는 미세한 몸짓까지도 따라 한다. 부모가 아이를 재울 때 아이의 호흡을 따라 하면서 잠이 드는 척 하면 아이도 스르르 잠이 든다.

상대방이 마음을 닫고 있을 때도 따라 하기는 효과적이다. 자신에게 마음을 열지 않는 사람이 있다면 그 사람의 몸짓을 따라 해보라. 상대방이 거래처 담당자거나 직장 상사거나 오늘 처음 만난 데이트 상대거나 연인의 부모거나 누구든 괜찮다. 거울신경은 모두에게 있다.

리더의 소통 능력을 향상시키는 따라 하기

화장실이나 정류장에 사람들이 줄을 서 있으면 같이 줄을 서게 된다. 이것도 거울신경의 작용이라고 한다. 다른 사람의 행동을 따라 하는 것은 인간의 선천적인 욕구다. 오래전부터 인간은 협동하면 더 많이 먹을 수 있고, 안전을 보장받았기 때문이다. 긴 세월에 걸쳐 뇌가 이를 인지하게 되었다. 그래서 전쟁터 같은 곳에서도 전혀 모르는 사람과 협동할 수 있는 것이다.

따라 하기 몸짓은 리더십을 발휘하는 데 중요한 역할을 한다. 교사나 기업의 중간 관리자에게 특히 유용하다. 연구에 의하면 따라 하기를 잘 사용하는 교사는 더 잘 가르치고 재미있고 친절하다는 평가를 받는다고 한다. 교사는 관계에 대한 균형 감각과 리더십이 필요한 직업이다. 복잡한 대인 관계 속에 있는 교사에게 따라 하기 몸짓은 큰 도움이 된다.

기업에서 중간 관리자의 의사소통 능력은 팀의 성과에 많은 영향을 미친다. 조직은 자유롭게 소통하면서도 질서가 유지되어야 한다. 팀의 리더는 구성원들을 이해하고 그들과 공감대를 형성해야 한다. 열린 자세와 따라 하기 몸짓으로 친밀감과 공감대를 형성할 수 있다.

성공적인 데이트를 하려면?
'변형된 따라 하기'

따라 하기에 있어서 남성과 여성은 많은 차이를 보인다. 여성은 대화하면서 마치 같은 일을 겪은 것처럼 상대방과 같은 표정을 짓는다. 여성은 대화할 때 10초에 6가지 표정을 지으면서 상대방의 감정에 공감한다. 그에 비해 남성은 지을 수 있는 표정이 한정적이다. 남성은 대부분 무표정한 얼굴을 유지한다. 이야기를 하는데 무표정한 얼굴을 하고 있으면 이야기를 듣고 있는 것인지 의아해지기도 한다. 하지만 표정을 드러내지 못하는 것일 뿐, 느끼는 감정은 여성과 거의 동일하다.

에지힐대학의 제프리 비티Geoffrey Beattie 교수는 남성은 다른 남성을 따라 하는 경우가 드문데 여성은 다른 여성을 자주 따라 한다고 밝혔다. 여성이 다른 사람의 행동을 따라 하는 비율이 4배 정도 더 많다고 한다. 또한 여성은 남성의 몸짓을 따라 하지만 남성은 여성의 몸짓을 따라 하지 않는다고 한다. 단, 관심 있는 여성의 몸짓과 자세는 따라 한다.

여성은 몸짓을 읽는 능력이 남성보다 뛰어나다. 몸짓의 변화나 몸짓이 전하는 신호를 쉽게 알아차린다. 만약 데이트할 때 남성이 의도적으로 여성의 행동을 따라 한다면 여성은 알아챌 가능성이 높다. 극적인 효과를 기대한다면 몸짓을 약간 변형하거나 시간 차를 두는 것이 좋다. 예를 들어 여성이 뺨에 손을 올리면 코에 손을 대고, 여성이 커피 잔을 들면 물컵이나 다른 물건을 만지는 식이다. 변형된 따라 하기는 성공적인 연애 기술이다. 여성이 몸을 앞으로 기울이면 잠시 후에 몸을 앞으로 기울이고, 여성이 머리카락을 뒤로 넘기면 잠시 후 머리를 만지는 식이다.

상대방과 같은 자세를 취하고 같은 몸짓을 하면 공간·시간과 더불어 감정과 생각을 공유하는 것처럼 느껴진다. 하나로 연결된 느낌은 감정을 더 풍성하게 만든다. 따라 하기는 연애를 시작하는 연인에게도, 오래된 연인에게도, 같이 사는 부부에게도 유용하다.

keyword

혹시 성격이 사교적이지 않거나 대인 관계가 어렵다면 따라 하기 기술을 적극적으로 활용해보자. 상대방이 눈치채지 못하는 사이에 친밀감을 형성할 수 있다. 상대방의 몸짓을 따라 하려면 상대방을 관심 있게 바라보아야 하고 상대에게 집중해야 한다. 좋은 관계는 상대방을 바라보는 것에서 시작된다. 다른 사람을 따라 하는 것이 어려워 보일 수 있지만 걱정하지 말자. 우리에겐 거울신경이 있다. 지금부터 상대방을 바라보자. 내 몸이 상대방을 따라 하도록 상대방에게 집중하자.

몸에 손을 대는 이유

몸짓언어를 연구하다 보면 재미있는 현상을 발견하게 된다. 한마디로 '아는 듯 모르는 듯'이다. 몸짓언어는 다 아는 내용 같은데도 적절하게 활용하기가 힘들다. 나는 한국인이 몸짓으로 감정을 드러내는 데 다소 경직되어 있기 때문이라고 생각한다. 미국 영화나 드라마를 보면 몸짓이 다양하고 매우 적극적이다. 정치인들도 몸짓언어를 적극적으로 사용한다.

몸짓언어를 적절히 활용하면 공감 표현을 더 잘하게 되고, 더 강해 보이고, 더 매력적으로 보일 수 있다. 몸짓언어를 드라마틱하게 활용하는 방법은 두 손을 활용하는 것이다. 두 손을 몸 어딘가에 대기만 해도 감정을 한층 더 풍부하게 표현할 수 있다.

사람들은 부끄럽거나 불안할 때, 놀랐을 때 자신의 몸에 손을 댄다. 몸에 손을 대면 진정되기 때문이다. 불편하고 스트레스를 받는 상황일 때도 진정하려고 몸에 손을 댄다. 주로 얼굴이나 목을 만지고 머리카락을 만지기도 한다.

애착 이불이나 애착 인형을 들고 다니는 아이를 쉽게 볼 수 있다. 아이들은 이불이나 인형의 부드러운 부분을 만지면서 잠이 든다. 낯선 곳에 가거나 낯선 사람을 만나서 불안할 때도 애착 인형을 만지며 스스로 진정시킨다. 자기 진정 행동을 보이는 아이들도 있다. 대표적인 것이 손가락을 빠는 행위다. 여자아이들은 손가락을 빨면서 머리카락을 만지기도 한다.

자기 진정 행동은 어린아이뿐 아니라 성인도 한다. 목걸이나 귀걸이를 만지거나 반지를 만지작거리기도 한다. 장신구가 없을 때는 쇄골, 귓불, 손가락 등을 만진다. 옷깃을 당기거나 만지기도 한다. 팔짱을 끼고 팔을 문지르기도 하고 다리를 쓰다듬기도 한다. 이 모든 것이 자기 진정을 위한 몸짓이다.

자신감을 드러내야 하는 자리에서는 이런 몸짓을 자제해야 한다. 얼굴에 아무리 미소를 띠고 있어도 심리적으로 불편한 상황이라는 것이 드러날 수 있기 때문이다. 자기 진정 몸짓은 습관적일 가능성이 높다. 습관적인 몸짓은 '나도 모르게' 하게 된다. 중요한 순간에 이런 행동이 드러나지 않도록 주의해야 한다.

가슴에 손을 올리고 인사하면 공손해 보인다. 강연을 하거나 대중 앞에 설 때 가슴에 손을 올리고 인사하면 청중을 예우하는 느낌을 전달할 수 있다. 가슴에 손을 올리는 것은 상대방에게 진심을 전하고자 할 때 사용하는 몸짓이다.

가슴에 손을 올리는 것은 상대방에게 공감하고 있다는 것을 강력하게 드러내는 신호다. 특히 슬프거나 안타까운 일을 겪고 있는 사람과 대화할 때 효과적이다. 대인 관계에서 공감 표현은 매우 중요하다. 공감을 표현할 때 이 몸짓을 적극적으로 사용해보자. 특히 어린 자녀에게 사용하면 아이의 정서 발달에 도움이 된다. 공감 표현은 자연스러워야 한다. 몸에 익지 않은 표현은 어색할 수 있으니 평소에 사용해 습관을 들이는 것이 좋다.

가슴에 손을 올리면 진심이 전해진다.

사과, 감사, 사랑을 고백할 때도 가슴에 손을 올리면 진심이 전달된다. 가슴에 손을 올리고 사랑을 고백하는 모습을 상상해보라. 상상만 해도 입가에 미소가 절로 지어진다. 그런 로맨틱한 사람이 되어보자.

뒤통수를 받친 손: 우월함을 드러내는 자세

대화하면서 손으로 뒤통수를 받치고 몸을 뒤로 젖히는 남성을 종종 볼 수 있다. 직장 동료나 상사와 대화하면서 이유 모를 불쾌함을 느낀 적이 있다면 상대방이 이 몸짓을 했을 가능성이 높다. 뒤통수를 받치고 몸을 젖히는 자세는 우월감을 드러낸다.

이 몸짓은 사회 고위층, 전문직 종사자, 유독 자신감이 넘치거나 자신이 상대보다 우위에 있다고 생각하는 사람들에게서 쉽게 볼 수 있다. 주로 여성보다 남성이 하는 몸짓이기도 하다. 직급이 낮을 때는 하지 않다가 직급이 높아지고 관리자가 되면서 하게 되는 몸짓이기도 하다. 자리가 사람을 만든다는 말처럼, 높은 자리는 우월한 몸짓을 만든다.

상대방이 이런 몸짓을 취하면 당황하기 쉽다. 대화 내용에는 특별히 문제가 없지만 왠지 기분이 나쁘고 무시당하는 느낌이 들기도 한다. 상대방이 이 몸짓을 보일 때는 기죽지 말고 대응할 몸짓언어를 찾아야 한다. 손을 내리거나 몸을 앞으로 기울이도록 상황을 만드는 것도 좋다. 음료수를 건네거나 일어나서 대화하도록 유도하는 것도 방법이다.

손으로 뒤통수를 받치고 몸을 뒤로 젖힌 자세는 오만해 보인다.

사람은 자신의 몸짓에 따라 상대방을 대하는 마음도 바뀐다. 우월감을 드러내는 몸짓을 하면 상대방에게 우월감을 느끼게 되고, 예의를 갖춘 몸짓을 하면 상대방에게 예의를 갖추게 된다. 상대방이 자신을 예우하기를 바란다면 예우할 때까지 기다리지 말고 예우하게 하는 것이 현명하다.

여성들에게 평판이 좋은, '매너 좋은' 남자는 이런 몸짓을 하지 않는다. 상대방에게 우월감을 드러내고자 하는 것이 아니라면 이 자세는 자제해야 한다.

허리에 걸친 손: 상대를 제압하는 자세

다음과 같은 상황을 상상해보자. 식당에서 아이가 큰 소리로 떠들고 장난을 친다. 보호자는 아이를 엄하게 단속하려 할 것이다. 다음 상황도 상상해보자. 도로에서 접촉 사고가 났다. 피해자는 화가 나서 가해 차량 주인에게 따지고 들 것이다. 이럴 때 보호자나 피해자는 양손을 허리에 걸치는 자세를 취한다. 양손을 허리에 걸치고 어깨를 펴면 강한 힘이 드러나고, 상대를 제압하기 수월해진다.

이 몸짓은 의식적으로 활용해도 좋다. 화가 많이 났거나, 자신의 뜻이 단호하거나, 자신이 강한 사람이라는 것을 보여주어야 할 때는 양손을 허리에 걸치고 강한 눈빛으로 상대방을 바라보자.

양손을 허리에 걸치는 것은 상대를 제압하는 자세다.

이 자세는 특히 어린 자녀를 키우는 사람에게 유용하다. 보호자는 화내지 않고 아이를 제압해야 할 때가 있기 때문이다. 이 자세를 잘 활용하면 마구 소리를 지르지 않고도 아이를 제압할 수 있다.

keyword

두 손을 몸에 대기만 해도 감정을 드러낼 수 있다. "금 나와라 뚝딱!" 하면 금이 나오는 도깨비방망이처럼 말이다. 우리는 성능 좋은 도깨비방망이를 갖고 있다. 이 도깨비방망이를 효과적으로 사용하느냐 마느냐는 각자의 노력에 달려 있다. 진심을 드러내고 공감을 표현하는 데 사용할 것인지, 우월감을 드러내고 상대를 제압하는 데 사용할 것인지는 각자의 판단에 달렸다. 자신이 처한 상황에서 가장 좋은 방법으로 활용하기를 바란다. 다양하게 활용할 수 있는 두 손을 밥 먹고 키보드 두드리는 데만 사용하지 않았으면 한다.

혼자 하는 게임, '도전! 악수의 달인'

악수는 간단하고 쉬운 몸짓이지만 습관이 되어 있지 않으면 선 뜻 손이 내밀어지지 않는다. 습관이 되도록 게임처럼 즐기면서 몸 에 익히면 좋다. 가족, 친구, 동료의 악력을 알아보는 게임을 해보 자. 악력을 1~10단계로 구분하고 악수하면서 상대방의 악력을 가 늠해보고 이를 기록하는 것이다. 일주일 동안 사람들의 악력을 측 정하고 베스트를 선정한다. 가장 악력이 센 사람, 가장 악력이 약 한 사람, 최적의 악력 등 내키는 대로 기준을 세우고 주간 베스트 를 뽑는다. 당선된 사람에게는 커피를 한잔 사거나 기프티콘을 보 낸다. 상대방은 왜 커피를 사주는지 모르겠지만 기분이 좋을 것이 고, 감사를 들으니 나도 기분이 좋아진다. 이렇게 게임을 하다 보 면 악수에 익숙해지고 필요한 순간 자연스럽게 상대방에게 손을 내밀게 될 것이다. 더불어 좋은 악수와 나쁜 악수를 구분하는 안 목도 생긴다. 상대방의 악력에 맞게 자신의 악력을 조절하는 기술 까지 익힐 수 있다.

매출을 올리는 신체 접촉

판매나 영업을 할 때 가벼운 신체 접촉을 하면 상대방의 마음을 움직이는 데 도움이 된다. 신체 접촉이 판매 성과로 이어지기를 바란다면 다음 내용을 기억하라.

Plus Tip

○ 자연스러운 타이밍에 시도하라.

○ 상품의 강점을 말할 때, 고객이 관심을 보일 때, 고객이 망설일 때, 고객이 기분 좋을 때 신체 접촉을 하라.

○ 손이나 팔꿈치를 가볍게 2~3초간 건드려라.

○ 가벼운 신체 접촉이라도 지나치면 안 된다.

○ 상대가 부정적이거나 의심스러워할 때는 신체 접촉을 하지 마라.

개인 공간을 침범당했을 때 드러나는 신호

사람은 자신의 개인 공간이 침범당해서 불편함을 느낄 때 경계심, 긴장감을 몸짓언어로 드러낸다. 대화 중 다음과 같은 몸짓언어를 읽는다면 상대방의 개인 공간을 침범하지 않았는지 판단하고 자세나 행동에 변화를 주어야 한다.

○ 시선을 돌리거나 눈을 깜빡인다.

○ 미소가 없어지고 표정이 사라진다. 혹은 굳은 표정을 짓는다.

○ 미세하게 눈살을 찌푸린다.

○ 입술을 깨문다.

○ 몸을 뒤로 기댄다.

○ 팔짱을 끼거나 다리를 꼰다.

○ 손가락 혹은 발을 톡톡 친다.

Plus Tip

○ 손동작이나 몸동작이 없어지거나 부자연스러워진다.

○ 하던 말을 멈춘다.

○ 말투가 딱딱해진다.

○ 사적인 대화를 피한다.

매력적인 남자 & 지적인 여자

여성 화자-남성 청자의 상황일 때 남성이 여성의 표정을 따라 하면, 여성은 그 남성이 다정하고 재미있으며 매력적인 사람이라고 생각한다. 여성은 자신의 마음을 알아주는 사람에게 빠져든다. 표정이 풍부한 남성은 흔하지 않지만, 연습하면 안 될 것 없다. 다양한 표정을 연습해보자. 말하는 상대방의 표정을 보고 그대로 따라 하려고 노력하면 된다. 우리에게는 거울신경이 있다.

남성 화자-여성 청자의 상황이고 업무적인 대화 중일 때, 여성이 진지한 표정을 짓고 있으면 남성은 그 여성이 똑똑하고 지적인 사람이라고 생각하게 된다. 여성은 표정이 풍부하기 때문에 이야기를 들으면서 미소를 짓거나 감정을 드러낼 가능성이 높다. 하지만 직장에서는 표정을 아끼도록 하자. 지적인 이미지는 신뢰로 이어진다. 사람들은 신뢰가 생기는 사람의 의견에 귀를 기울인다. 사람들이 나를 믿고 내 말에 귀를 기울인다면 일이 한결 수월하고 즐거울 것이다.

Plus Tip

몸짓 따라 하기×말 따라 하기

상대방의 몸짓을 따라 하면서 말을 따라 하면 더 효과적이다. 표현의 일부를 그대로 돌려주는 것이다. 예를 들어 신규 프로젝트에 대해 물어보았다고 하자. 상대방이 "이번 기획은 준비가 잘 되고 있습니다"라고 대답한다면 "이번 기획은 언제쯤 마무리가 될까요?"라고 단어를 살짝 바꾸어서 질문하는 것이다. 상대방은 자신이 존중받고 있다고 느끼고 기분이 좋아질 것이다. 그리고 당신을 세심하고 배려심 있는 사람이라고 여기게 될 것이다. 누구나 그런 사람과 함께 일하고, 가까워지고 싶어 한다.

chapter 3.
자신감의 기술

: 몸에 있는
`자신감 버튼`을
눌러라

시선의 높이로
지위를 지켜라

#우호적 #친밀감
#카리스마 #리더십

직원을 다루는 데 고민이 많은 여성 임원이 있었다. 뛰어난 실무 능력과 책임감으로 임원 자리까지 올랐고, 사내에서 인기도 많았다. 문제는 관리자로서 권위가 약하다는 것이었다. 그 임원은 자신의 업무 지시를 직원들이 진지하게 받아들이지 않는 것이 고민이라고 했다. 그 임원이 직원들과 대화하는 모습을 분석했더니, 업무를 지시할 때도 사교 시선을 사용했다.

이와 유사한 고민을 하는 사람이 있을 것이다. 특히 여성은 직장에서 지위가 올라갈수록 이런 경험을 종종 하게 된다. 부하 직원이나 다른 관리자가 자신의 의견을 조금 더 진지하게 받아들이기를 바라지만 방법을 찾기가 쉽지 않다.

사람을 바라볼 때 상대방의 얼굴에 시선이 머무는 위치를 시선 영역이라고 한다. 같은 말을 하더라도 시선의 위치에 따라서 메시지가 다르게 전달된다. 시선 영역은 3가지로 나뉜다. 첫 번째는 사교 시선이다. 양 눈과 입 사이를 연결하면 역삼각형이 생긴다. 사교 시선은 일반적으로 가장 많이 사용하는 시선 영역이다. 두 번째는 친밀한 시선이다. 사교 시선이 아래로 확장된 모양이다. 친밀한 시선은 관심 있는 이성 간에 사용하는 시선 영역이다. 세 번째는 업무 시선이다. 양 눈과 이마 중앙을 연결하면 삼각형이 생긴다. 이 시선은 '강렬한 시선'이라고도 불리며, 강조하거나 강한 느낌을 전달할 때 사용한다.

일반적인 대인 관계에서는 사교 시선을 가장 많이 사용한다. 사교 시선 영역에 시선이 머무는 것이 90퍼센트 이상이다. 시선이 이 영역에 있으면 우호적인 느낌을 받는다. 친밀한 시선은 시선이 양 눈을 기준으로 가슴이나 배, 혹은 그보다 아래까지 내려간다.

왼쪽부터 사교 시선, 친밀한 시선, 업무 시선.

이성과 첫 만남을 상상해보자. 멀리서 상대방이 다가오면 얼굴부터 아래까지 재빨리 훑어보지 않는가? 그것이 친밀한 시선의 영역이다.

　데이트하는 남녀는 상대방을 전체적으로 살피면서 상대방에 대한 호감도를 판단한다. 여성은 시야 범위가 넓기 때문에 상대방이 모르게 상대를 머리끝부터 발끝까지 살펴볼 수 있다. 반면 남성은 시야 범위가 좁아서 여성의 몸을 살펴보는 것이 티가 난다. 남성들은 종종 여성의 몸을 훑어본다는 비난을 받는데, 여성도 남성을 훑어본다고 한다.

업무 시선은 강한 인상을 준다

　신이 사람의 눈을 2개가 아니라 3개로 만들었다면 어느 위치에 있을까? 아마 이마 중앙에 있지 않을까? 만약 이마 중앙에 눈이 하나 더 있다면 앞에서 소개한 여성 임원과 같은 고민을 하는 이들에게 큰 도움이 될 것이다. 안타깝게도 우리에게는 이마 중앙의 눈은 없지만, 상대방의 이마 중앙에 눈이 있다고 상상은 할 수 있다. 상대방의 이마 중앙에 눈이 있다고 상상하고 눈 사이에 시선을 두자.

　일할 때라고 무조건 업무 시선을 사용할 필요는 없다. 평소에는 사교 시선을 사용하다가 강조하고 싶은 내용이 있거나 강한 인상을 전달해야 할 때 업무 시선으로 시선 영역을 옮기면 된다. 그러면 진지하고 집중하는 분위기를 조성할 수 있다. 다만 업무 시선을 오래 지속하면 상대에게 압박감을 줄 수 있으니 주의가 필요하다.

눈빛 하나로 상대방을 장악하는 카리스마를 보여주는 사람이 있다. 그들은 업무 시선을 잘 활용한다. 평소 부드럽고 친절한 이미지라면 상황에 맞게 업무 시선을 활용할 필요가 있다.

『포브스Forbes』에 실린 기업 리더의 사진을 보면 대체로 눈높이가 높다. 사진사가 약간 위쪽으로 향하는 시선을 요구했을 수도 있지만, 습관일 수도 있다. 흥미로운 사실은 사람들은 시선의 높이가 가장 높은 사람을 리더로 여긴다는 것이다. 리더는 시선의 높이를 잘 지켜야 한다. 시선의 높이로 지위를 양보하는 일이 없도록 하자.

keyword

시선의 위치까지 의식적으로 생각하며 대화하는 사람은 흔치 않다. 하지만 시선은 자신을 표현하는 데 큰 비중을 차지한다. 상황에 따라 시선의 높이를 적절히 옮길 수 있도록 연습하자. 자신의 지위보다 권위를 인정받지 못한다면 꼭 필요한 순간에도 사교 시선을 사용하는 것은 아닌지 돌아보자. 반대로 평소 눈빛이 강하다는 소리를 자주 들었다면 업무 시선을 습관적으로 사용한 것이니, 평소에는 사교 시선을 사용하도록 연습하는 것이 좋다.

자신 있게
턱을 들어
올려라

#자신감 #우월감 #오만한턱

조 라이트 감독의 2005년 영화 <오만과 편견>에서 키라 나이틀리는 엘리자베스 역을 매력적으로 연기했다. 나이틀리는 자존심 강하고 당찬 엘리자베스의 성격을 턱을 들어 올리는 자세로 표현했다. 대화할 때나 혼자 생각할 때도 종종 그런 자세를 취했다.

턱을 들어 올리면 자신감이 드러난다

어릴 때 부모님께 혼이 나거나 시험 성적이 나빠서 우울해 있으면, 어른들이 턱을 들라고 했다. 자신감을 가지라는 뜻이다. 턱을 들어 올리는 것은 자신감의 신호. 반대로 턱을 내리고 있으면 자신감이 부족하고 걱정거리가 있는 것처럼 보인다. 자신감이 없고 우울할 때도 턱을 드는 것은 그 상황을 극복하는 데 효과적이다. 턱을 들면 목을 바로 세우게 되고 바른 자세가 되어서 자신감이 생긴다.

운동선수는 경기를 시작하기 전에 자신감 있는 모습을 드러낸다. 힘 있게 걷고 턱을 들고 가슴을 앞으로 내민다. 절대로 경기 전에 턱을 내리고 어깨를 축 늘어뜨리지 않는다. 경기에서 패할 가능성이 높을 때조차 마찬가지다. 운동선수는 승리에 대한 자기 확신을 자신감 있는 몸짓으로 표현한다.

사람은 늘 자신감이 차 있을 수 없다. 심리적인 압박을 느끼거나 육체적으로 힘들 수 있고 집안에 문제가 있어서 골치가 아플 수도 있다. 그런 상황에도 맡겨진 일을 해야 한다. 머리에 걱정거리가 가득 차 있어도 새로운 사람과 만나야 하고, 동료와 협업해서 좋은 성과를 내야 한다. 비즈니스 관계에서 신뢰감을 쌓으려면 일관된 모습을 보여주어야 한다. 자신감 넘치는 몸짓을 일관되게 보여줄 수 있어야 한다.

우월과 오만함을 표현하는 자세

턱을 높이 들어 올리면 코도 같이 올라간다. 치켜올라간 코는 우월의 표시다. 상대보다 우위에 있다는 것을 전하는 신호기도 하다. 스트레스를 많이 받거나 화가 났을 때 턱과 코를 들어 올리기도 한다. 이 몸짓에는 부정적인 의미가 있다. 자신감

을 드러내려는 의도라면 턱을 지나치게 들어 올리지 않도록 주의
해야 한다.

　습관적으로 턱을 치켜드는 사람은 오만한 사람으로 인식될
수 있다. 특히 누군가를 윽박지르면서 코를 치켜든다면 상대방은
상당히 불쾌할 것이다. 리더라면 조직 구성원에게 이런 몸짓을 하
지 않도록 조심해야 한다. 어렵게 앉은 리더의 자리를 내어주고
높이 들었던 턱이 한없이 아래로 내려오고 나서 후회해보아야 소
용없다.

keyword

우리는 가끔 자신감을 넘어선 오만함을 드러내고 싶을 때가 있
다. 누군가를 향해 오만함을 드러내고 통쾌함을 느끼고 싶다.
우월감을 드러내는 사람이 주변에 있기 때문일 수도 있고, 단
순히 기분 전환을 하고 싶어서일 수도 있다. 하지만 상대방을
제압해야 할 때가 아니라면 턱은 자신감 있어 보이는 정도로
드는 것이 좋다.

시선을 모으는 손가락

#강조 #자신감 #집중
#그리스에서는ㄴ엄지금지
#프랑스에서는ㄴOK금지

한 강사가 강의 중에 두 사람을 무작위로 불러서 서로 얼굴을 마주 보고 대화하게 했다. 두 사람은 대화를 시작하지 못했다. 이어서 강사는 그들에게 문자메시지로 대화하도록 했다. 두 사람의 대화는 너무나 쉽게 이루어졌다.

의사소통의 현주소를 잘 보여주는 이야기다. 식당에서 외식하는 가족이 각자 스마트폰을 들여다보고 있는 모습을 자주 본다. 카페에 마주 앉은 연인도 스마트폰을 들고 있다. 혼자 있든 다른 사람과 있든 사람들의 손가락은 스마트폰 위에서 활개를 친다. '엄지로 소통하는 세상'인 것은 분명하지만, 엄지손가락을 하루 종일 스마트폰 위에서 활동하도록 두는 것은 안타까운 일이다. 엄지손가락이 할 수 있는 일은 더 많기 때문이다.

강조할 때 엄지를 세워라

클린턴 전 미국 대통령은 눈맞춤 말고도 엄지를 잘 세워 '클린턴의 엄지'라는 별명을 얻었다. 일반적으로 엄지를 세우는 것은 '좋다', '최고다'라는 의미다. 클린턴은 말을 강조할 때, 인사할 때, 힘을 과시하고 싶을 때 등 다양한 상황에 엄지를 세워 보였다.

영장류는 다른 동물과 다르게 엄지를 이용해 다양한 신호를 보낼 수 있다. 엄지 세우기는 엄지의 방향, 함께 사용하는 다른 몸 짓언어, 말하는 사람과 듣는 사람의 상황에 따라 다양한 의미로 표현된다.

말하는 중간에 엄지를 세우는 것은 내용을 강조하려는 것이다. 다른 사람을 향해 엄지를 세우는 것은 그 사람에 대해 긍정적인 평가를 드러내는 것이다. 양손 엄지를 모두 세우면 의미가 더 강해진다. 엄지를 비스듬히 세워서 옆으로 빠르게 움직이면 '당장 사라져'라는 의미가 된다. 그리스 등 일부 나라에서는 욕설을 대신하기도 한다. 히치하이크할 때 엄지를 들어 지나가는 차를 세우는데, 그리스에서는 절대 해서는 안 될 손짓이다.

이 몸짓은 여자보다 남자가 자주 사용한다. 부모가 자녀를 칭찬하려고 사용하기도 한다. 엄지 세우기는 자신감 넘치고 권위적인 사람들이 자주 사용하는 몸짓이다. 윗사람이 아랫사람에게

클린턴은 엄지를 세우는 자세를 잘 취했다.

편하게 사용하는 몸짓이지만, 아랫사람이 윗사람에게 찬사를 보낼 때도 사용한다.

과하게 사용하면 권위적인 사람으로 보일 수도 있지만 엄지 세우기는 기본적으로는 긍정적인 신호다. 일과 일상에서 적절히 사용하면 매력적이고 자신감 넘치는 사람으로 보일 수 있다. 프레젠테이션을 무사히 끝낸 동료에게 엄지를 들어서 '수고했다', '잘했다'는 신호를 보내보라. 긴장했던 동료에게 큰 위안이 될 것이다. 가족 행사를 준비한 며느리에게 엄지를 들어서 '우리 며느리가 최고다'는 신호를 보내는 시아버지를 상상해보라. 더 긴 말이 필요 없다. 때로는 엄지 하나가 백 마디 말보다 강력하다.

검지를 들면 시선이 모인다

엄지를 들어 올리는 것은 기본적으로 긍정적인 신호지만 검지는 약간 다르다. 주먹을 쥔 채 검지를 똑바로 세우면 시선을 집중시킬 수 있다. 이것은 강력한 카리스마를 드러내는 신호다. 그런데 사람을 향해서 검지를 드는 것은 상대방을 불쾌하게 한다.

강연자나 조직의 리더는 이 손짓의 양면성을 정확히 이해하고 있어야 한다. 사람들을 집중시키고 내용을 강조할 때는 검지를 세우고, 사람을 향할 때는 손가락을 모두 펴야 한다. 검지만 편 손이 사람을 향하지 않도록 해야 한다.

검지를 세울 때는 검지에 힘을 주고 쫙 펴야 한다. 구부정하면 효과가 반감된다. 검지 세우기는 대중 앞에서뿐만 아니라 일대

검지를 세우면 시선을 모을 수 있다.
하지만 손끝이 사람을 향하지 않도록 주의해야 한다.

일 대화에서도 효과적으로 사용할 수 있다. 가령 고객에게 상품을 설명한다면, 집중해야 하는 순간에 검지를 세우는 것이다. 손에 펜을 들고 있다면 펜을 대신 세울 수도 있다.

말레이시아, 필리핀 등에서는 검지 사용에 주의해야 한다. 말레이시아에서는 사람이나 방향을 가리킬 때 엄지를 사용한다. 필리핀에서는 동물만 손가락으로 가리킬 수 있다. 여행이나 비즈니스 차 다른 나라에 방문했을 때 잘못된 손짓으로 상대방에게 결례를 범하는 일은 없어야 한다.

OK 손짓은 강조 효과가 있다

엄지와 검지 붙여서 손가락을 동그랗게 만들면 OK 손짓이 된다. 동그랗게 만들어지는 모양 때문에 '반지 모양 손짓'이라고도 한다. OK 손짓은 보통 '좋다'는 의미로 쓰인다. OK 손짓은 다른 사람을 가리키듯 하면 강조의 효과가 있다. 정치인들이 자신의 말을 강조하거나 명확하게 전달하려고 만든 손짓이다. '정치인의 강조 손짓'이라고 부르기도 한다. 이 손짓은 정치인은 물론이고 사업가, 연사들이 자주 사용한다. 손 모양이 둥글기 때문에 부드러운 느낌을 전달하면서 말의 내용을 강조할 수 있다.

상품을 판매하는 영업자, 학생을 가르치는 교사, 협상을 자주 하는 사업가에게 이 손짓은 큰 도움이 된다. 중요한 내용을 강조하고 상대를 집중시키면서 대화를 주도할 수 있다. 이 손짓은 자연스러워야 전문적으로 보이니, 충분히 연습하는 것이 좋다.

한국에서는 어린아이도 OK 손짓을 '좋다'는 의미로 이해한다. 그런데 다른 국가에서 함부로 이 손짓을 했다가는 봉변을 당할 수 있다. 프랑스에서는 협상을 무사히 끝낸 후 기분이 좋다고 OK 손짓을 하면 안 된다. 프랑스에서는 '제로0' 또는 '가치 없다'는 의미로 쓰인다. 일본에서는 돈을 의미하고 지중해 연안에서는 외설적인 의미로 쓰인다.

문화권마다 의미가 다른 비언어적 신호를 상징적 몸짓이라고 한다. 다른 나라를 방문할 때는 상징적 몸짓에 대한 정보를 알아야 한다. 어린아이도 3세가 되면 상징적 몸짓을 이해하기 시작한다. 어린아이에게도 몸짓언어를 잘못 쓰는 일이 없도록 해야 한다.

keyword

상대방의 시선을 집중시키는 것은 자신감을 드러내는 효과적인 방법이다. 대화 중 자연스럽게 손짓을 사용하면 더 전문적이고 매력적으로 보인다. 중요한 대화에서 엄지와 검지가 멋지게 활동할 수 있도록 평소에도 꾸준히 연습하는 것이 좋다.

거부할 수 없는 카리스마 몸짓

사회 각계각층의 리더 중에는 특별히 권위가 느껴지는 사람이 있다. 온화하고 부드러운 인상인데 거부할 수 없는 카리스마가 느껴지기도 하고, 강한 행동을 하지 않는데도 확신에 차 보이기도 한다. 많은 말을 하지 않는데 조용한 몇 마디가 뇌리에 깊이 박히기도 한다. 아무리 동경해도 쉽게 따라 하지 못할 것만 같은 특별한 분위기, 그들의 비밀 병기는 무엇일까?

권위와 자신감을 드러내는 첨탑 손짓

양손을 모아서 손가락 끝을 맞닿게 하거나 손가락을 서로 교차하면 첨탑 모양이 된다. 이것을 첨탑 손짓이라고 하며 권위와 자신감을 드러낸다. 정치인, 사업가, 교수, 강연가가 자주 사용하는 손짓인데, 이 손짓을 유독 잘 사용하는 사람 중 하나가 트럼프 미국 대통령이다. 트럼프 대통령은 연설이나 인터뷰를 할 때 자신감 넘치는 몸짓을 많이 취한다.

첨탑 손짓은 문제 앞에서 심사숙고하는 모습을 드러낸다. 이 손짓을 하면 이성적이고 논리적인 사람으로 보인다. 권위 있고 영향력 있어 보이기 때문에 자신감과 우월감을 드러내고 싶은 사람들이 즐겨 사용한다.

첨탑 손짓은 일대일 대화보다 대중 앞에서 사용할 때 효과적이다. 자칫하면 방어하는 몸짓으로 보일 수 있기 때문에 대화 중

첨탑 손짓은 권위와 자신감을 드러낸다.

에는 주의해서 사용해야 한다. 첨탑 손짓도 효과적이려면 자연스러워야 한다. 권위나 자신감을 드러내야 하는데 부자연스럽다면 차라리 사용하지 않는 편이 낫다. 양손의 손가락이 서로 닿을 수도 있고, 손가락이 서로 교차하면서 손바닥이 맞닿을 정도로 붙을 수도 있다. 어느 쪽이든 가장 자연스러운 모양을 취하면 된다. 권위적이면서도 겸손하게 보이고 싶다면 두 손을 세우고 손바닥을 붙이면 된다.

다리를 꼬고 몸을 뒤로 젖힌 채 첨탑 손짓을 하면 지나치게 우월감을 드러내려는 것으로 보일 수 있다. 이 손짓을 사용할 때는 다른 몸짓에도 신경을 써야 한다. 지나치게 자주 첨탑 손짓을 하는 것도 좋지 않다. 꼭 필요한 경우에만 효과적으로 사용하도록 하자.

자르기 손짓은 강한 강조의 의미

뇌에는 손짓에 대한 반응을 담당하는 섬세한 신경 세포가 있다. 자르기 손짓은 뇌에 강한 자극을 준다. 자르기 손짓은 손날을 위에서 아래로 강하게 내리치는 동작으로, 강한 강조의 의미를 드러내는 공격적인 표현이다. 자주 사용하면 의미가 희석되니 반드시 필요한 경우에만 사용해야 한다.

이 손짓은 자주 사용하는 손으로 할 때 효과적이다. 오른손을 자주 사용하는 사람이라면 오른손 손날로 왼손 손바닥을 내리치는 것이다. 반대로 하면 강조하는 척, 자신 있는 척하는 것으로 보일 수 있다. 공격적으로 보이지 않으면서 강한 강조를 하고 싶다면 손등을 내리치는 방법도 있다.

아주 강한 강조를 표현하려면 한 마디 한 마디 말할 때마다 자르기 손짓을 하면 된다. 강조는 하지만 공격적으로 보이지 않기를 원한다면 한 번만 자르기 손짓을 하면 된다.

쓸어 모으기는 강조의 효과가 있다

양손을 자신의 가슴 방향으로 쓸어 모으면 강조의 효과가 있다. 양손을 쓸어 모을 때 양손에 힘을 주면 강한 강조의 의미가 된다. 반대로 몸에서 바깥쪽으로 손을 밀어내면 부정하는 신호가 된다. 어떤 일에 책임을 지고 싶지 않다거나 자신과는 무관한 일이라는 뜻이 된다.

몸짓언어는 학습 효과를 높여준다. 시카고대학에서 이루어진 연구에 따르면 수업 중 교사가 쓸어 모으기를 하면 학생들은 시험을 보면서 같은 몸짓을 할 확률이 높고 문제도 잘 맞힌다고 한다. 쓸어 모으기는 학생을 가르칠 때 활용할 수 있고, 고객에게 상품을 설명할 때나 협상의 자리에서도 활용할 수 있다.

말의 내용과 어울리는 몸짓을 함께 하면 전달하려는 내용이 더 명확해진다. 예를 들어, "이번 프로젝트에는 제가 가장 적임자입니다"라고 말하면서 쓸어 모으기 손짓을 하면 강한 인상을 줄 수 있다. 반대로 그렇게 말하면서 밀어내는 손짓을 하면 불신을 줄 수 있다. 상대방은 명확한 이유는 모르지만 신뢰할 수 없다는 느낌을 받게 된다. 강조의 몸짓은 말의 내용과 일치해야 한다.

뒷짐은 여유로운 자신감을 드러낸다

3~4세 정도 되는 아이들이 뒷짐을 지고 다니는 것을 간혹 볼 수 있다. 그런 몸짓을 어떻게 하게 되었을지 궁금해진다. 답은 간단하다. 주변의 누군가 뒷짐을 지었기 때문에 아이들이 따라 하는 것이다. 뒷짐 지기는 흔히 볼 수 있는 몸짓이다.

뒷짐 지기는 심장을 포함한 신체 앞부분을 무방비 상태로 드러내는 자세다. 상대를 방어하지 않겠다는 뜻으로, 상대에 대한 두려움이 없고 상대를 신뢰할 수 있다는 의미다. 더불어 우월감과 자신감을 드러낸다. 사람들은 상대방을 방어해야 할 때 무의식적으로 몸을 웅크린다. 뒷짐 지기는 이와 반대인 몸짓언어다.

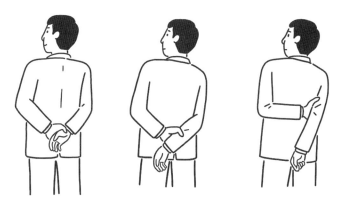

뒷짐 지기는 자신감과 여유를 보여주지만, 손목이나 팔을 잡을 때는 의미가 달라진다.

뒷짐 지기는 사회적 지위가 높은 사람들이 주로 취하는 자세다. 영국 왕실 남성들이 습관적으로 하는 몸짓으로도 알려져 있다.

상대방에게 편안한 자신감을 보이고 싶다면 뒷짐을 지어보자. 뒷짐을 지고 미소를 보이면 여유 있는 사람으로 보인다. 이 몸짓에서 보이는 여유는 곧 자신감이다.

뒷짐을 질 때 한 손으로 다른 손의 손목이나 팔목을 잡으면 다른 의미가 된다. 이것은 통제의 몸짓으로 좌절감, 두려움, 분노 같은 감정을 느낄 때 상대방을 공격하지 않으려는 의도가 담겨 있다. 잡는 위치가 손목에서 팔목으로 올라갈수록 감정의 크기도 크다는 의미다. 이런 형태의 뒷짐 지기를 하고 있다면 양손을 맞잡은 뒷짐 지기로 자세를 바꾸자. 자세가 바뀌면 감정도 바뀐다. 자신을 움츠리게 하는 감정을 극복하기 쉬워질 것이다.

keyword

성공한 사람에게는 여유로움과 확신에 찬 자신감이 있다. 사람들은 그런 사람이 말할 때 자기도 모르게 몰입한다. 상대방을 향하는 시선, 자신감 넘치는 손짓, 적절히 사용하는 강조의 몸짓, 열린 자세 같은 몸짓언어가 사람들을 집중하게 한다. 성공한 사람에게서 느껴지는 분위기를 갖고 싶다면 그에 걸맞은 명성과 전문성을 쌓아야 하겠지만, 그와 함께 그들이 취하는 자신감 있는 몸짓도 보여주어야 한다. 행동이 바뀌면 현실의 변화도 따라온다.

잡을 거면
확실히 잡아라

#두손모아방어금지 #드라마보기
#자신감 #협력 #신뢰

드라마를 보다 보면 배우의 손이 클로즈업되어 화면에 가득 채울 때가 있다. 맞잡은 손을 꽉 움켜쥐기로 하고, 양손을 비비기도 하고, 손가락을 만지작거리기도 한다. 그런 손짓은 감정을 반영한다. 긴장, 곤란함, 당황, 자신감 같은 감정을 손짓에서 읽을 수 있다.

나는 몸짓언어를 연구한 후부터 드라마를 보면서 배우의 몸짓을 예측하는 습관이 생겼다. 드라마의 흐름에 따라 배우가 드러낼 손동작, 발동작, 시선의 처리 등을 맞히는 것이다. 몸짓언어를 이해하면 드라마를 볼 때 또 다른 재미가 있다.

확실히 맞잡은 손은 자신감을 나타낸다

중요한 회의나 협상 자리에서 손을 어떻게 하는 것이 좋을지 고민해본 적이 있을 것이다. 긴장한 손을 상대방에게 보이고 싶지 않아서 테이블 아래로 내리거나 자신도 모르게 테이블 위에 올렸다가 아래로 내렸다를 반복하기도 했을 것이다.

테이블 위에 손을 올릴 때는 두 손을 확실히 맞잡는 것이 좋다. 이 자세는 자신감을 나타낸다. 상대방과 협력하겠다는 뜻을 드러내기도 한다. 손이 테이블 아래에 있으면 어깨가 처지면서 닫힌 자세가 되기 쉽다. 닫힌 자세는 자신감이 없어 보인다. 또한 손이 테이블 위와 아래를 왔다 갔다 하면 불안하고 긴장한 것처럼 보인다.

두 손을 확실히 맞잡은 동작은 드라마에서도 흔히 볼 수 있

양손을 마주 잡을 때는 '확실히' 해야 한다.

다. 어깨와 가슴을 펴고 양손을 맞잡은 균형 잡힌 자세는 신뢰할 만한 사람으로 보이게 한다. 맞잡은 두 손을 지나치게 몸 가까이에 두면 상대방을 방어하는 것처럼 보일 수 있다. 손은 몸과 적당히 거리를 두자.

두 손을 포개는 것은 긴장했다는 신호

선생님에게 야단맞는 학생, 장례식에 참석한 추모객, 호텔 앞에서 손님을 맞이하는 호텔 직원은 공통적인 모습을 보여준다. 두 손을 모아서 몸 앞에 포개고 있는 것이다. 이 몸짓을 하면 다소곳하고 긴장한 것처럼 보인다. 상황에 따라 예의를 갖추는 것으로 보이기도 한다. 이 몸짓은 공격받을 것 같은 불안감에서 비롯된 몸짓이다. 두 손을 포개어서 방어막을 형성하는 것이다. 축구 경기에서 프리킥할 때 방어하는 측 선수들이 일렬로 서서 이 자세를 취한다.

상대방이 두 손을 모아서 포개고 있다면 상대방의 의중을 파악할 필요가 있다. 양손을 맞잡는 대신 서류나 가방을 들고 있을 수도 있다. 상대방의 불편한 감정을 파악하는 것은 대인 관계에서 매우 중요하다. 좋은 관계를 유지해야 한다면 상대방이 편안해지도록 도와주어야 하고, 상대방이 불편을 느끼는 이유가 있다면 그 이유를 파악해야 한다.

두 손을 모아서 포개는 자세는 서비스업에 종사하는 사람이 자주 취하는데, 하루 종일 이 자세를 유지하다 보면 자기도 모르는 새에 자신감이 없고 나약해질 수 있다. 특히 손을 앞으로 포개면서 어깨가 축 늘어져 있다면 더 그렇다. 어깨를 펴고 머리를 꼿꼿이 세우면 예의를 갖추면서 전문성을 드러낼 수 있다. 자신감을 드러내야 하는 자리에서는 손을 포개서 모으기보다는 손을 양옆에 나란히 내리는 것이 좋다.

keyword

앉아 있을 때는 양손을 테이블 위에 올려서 확실하게 맞잡고, 서 있을 때는 자연스럽게 옆으로 내리자. 사소한 자세 하나에서 자신감이 드러난다. 드라마에서 배우가 보여주는 몸짓을 보며 자신의 습관을 점검해보는 것도 좋다. 두려움을 드러내는 몸짓은 자제하고 자신감과 신뢰를 드러내는 몸짓을 하도록 연습해보자.

가슴을 펴라!
집 나간 자신감도
돌아온다

#자신감 #매력 #당당 #의심 #불신
#위로와공감이필요해요

요즘은 전문 패션모델이 아닌 일반인 모델이 런웨이에 서는 것을 종종 볼 수 있다. 시니어 모델이나 어린이 모델도 유명 브랜드의 모델로 멋진 모습을 보여준다. 런웨이에서 당당하게 걷는 모습을 보면 평범한 일반인이라고는 믿어지지 않을 정도다. 비결은 무엇일까? 한 어린이 모델은 "무슨 옷을 입었는지는 중요하지 않아요. 자신 있는 표정과 자세가 중요하죠"라고 말했다.

가슴을 앞으로 내미는 것은 자신감의 표현

런웨이를 걷는 모델을 보면 팔다리를 활기차게 움직인다. 몸은 하늘로 치솟듯이 쭉 뻗고, 어깨와 가슴을 편다. 그들이 전달해야 할 가장 중요한 신호는 바로 자신감이다. 어린이 모델도 걸을 때 가슴을 내밀고 당당한 모습을 보여준다. 가슴을 내미는 것은 자신감의 표시다.

여자아이들은 이차성징이 나타나기 시작하면 신체 변화가 부담스러워서 몸을 웅크리기도 한다. 그러면 주변 어른들은 가슴을 펴고 앞으로 내밀도록 가르친다. 가슴을 웅크리면 자신감 없는 자세가 되는데, 자신감 없어 보이는 자세가 습관이 되지 않게 하려는 것이다.

가슴을 펴고 앞으로 내미는 것은 좋은 자세다. 하지만 지나치면 부자연스러워 보인다. 과하게 가슴을 내밀면 공격적이거나 성적 매력을 어필하는 것으로 오해할 수 있다. 상대방에게 부담이 되지 않을 정도로 자연스럽게 내미는 것이 중요하다. 특히 비즈니스 관계에서는 더 신경을 써야 한다.

어깨를 움츠리면 자신감 없어 보인다

어깨를 통해서도 다양한 신호를 읽을 수 있다. 스트레스가 없고 편안한 상태면 어깨를 약간 숙이고 팔을 앞이나 옆으로 자연스럽게 늘어뜨린다. 어깨를 뒤로 젖히면 통제력 있는 강한 사람으로 보인다. 어깨를 움츠리면 자신감이 없는 사람으로 보인다. 나쁜 소식을 들으면 몸 전체에 힘이 빠지면서 어깨를 움츠리게 된다. 어깨를 움츠리는 것은 체념과 포기의 신호다. 누군가의 어깨가 움츠려져 있다면 위로와 공감이 필요한 것이다. 지체하지 말고 그에게 다가가자.

최근 스마트폰 사용이 많아지면서 어깨를 움츠린 자세가 습관이 된 사람을 자주 본다. 책상에 오래 앉아서 일이나 공부를 하면 어깨가 움츠러지기도 한다. 이런 자세가 습관이 되면 자신감 없는 이미지가 될 수 있다. 또한 '원인과 결과의 법칙'에 의해 실제로 자신감이 없어질 수도 있다.

자세는 생활 방식과 습관으로 인해 자신도 모르게 굳어진다. 자신도 모르는 사이에 나쁜 자세가 익숙해져서 편해지지 않았는지 살펴보자. 스트레스를 받았다고 움츠러들게 두지 말고 어깨를 펴자. 직장 동료나 가족의 어깨가 움츠려져 있다면 어깨를 다시 펼 수 있도록 도와주자.

대화 중 상대방에게 어떤 제안을 했는데 상대방이 어깨를 움츠린다면 동의하지 않는다는 의미다. 어깨를 뒤로 젖히고 거리를 두는 것도 동일하다. 긍정적인 대답을 하더라도 이런 몸짓을 드러낸다면 정확한 속마음을 파악할 필요가 있다.

keyword

나는 한때 자신감이 바닥을 향하다 못해 지구를 뚫고 우주 어딘가로 가버릴 지경에 이른 적이 있었다. 마음을 다잡고 자신감을 회복하려고 해도 도무지 되지 않았다. 그래서 매일 아침 집을 나올 때 가슴과 어깨를 펴는 것에 집중했다. 다른 방법이 없었기 때문에 그 단순한 몸짓을 반복했다. 그랬더니 내 자신 감도 서서히 고개를 들었다.

자신감은 삶을 당당하게 마주하게 해준다. 하는 일마다 안 되고 데이트를 신청할 때마다 거절당했다면 이 몸짓을 활용할 절호의 기회다. 일단 가슴을 내밀고 어깨를 펴자. 자신감이 돌아올 때까지 계속하자. 방황하고 헤매던 자신감이 반드시 돌아올 것이다.

Plus Tip

업무 시선으로 카리스마 드러내기

○ 많은 말을 하지 않고 상대방을 제압하고 싶을 때: 무표정한 얼굴로 업무 시선을 사용해 상대를 지속적으로 본다.

○ 부드러운 카리스마를 드러내고 싶을 때: 입가에 살짝 미소를 지으며 업무 시선으로 상대를 본다.

○ 중요한 내용을 강조하고 싶을 때: 강조의 손짓을 하면서 업무 시선으로 상대를 본다.

'몸짓이 없는 자세'로 분위기 압도하기

사람들은 대부분 몸짓이 있다. 자연스럽게 움직이는 시선과 크고 작은 손발의 움직임이 있다. 그런데 간혹 '몸짓이 없는 자세'를 취하는 사람이 있다. 몸짓이 없다는 것은 몸의 움직임에 패턴이 없다는 뜻이다. 각계각층의 리더 중 일부는 '몸짓이 없는 자세'로 분위기를 압도한다. 이 자세에서는 거부할 수 없는 강력한 에너지가 느껴진다. 어떤 상황에서 분위기를 압도하고 싶다면 '몸짓 없는 자세'를 취해보는 것도 괜찮다. 다만 손가락 하나 까딱하지 않고 있으면 긴장했다고 느낄 수 있으니 몸짓을 최소화하면서 부드러운 카리스마를 표현해보자.

턱을 당겨서 동정을 호소하기

턱을 적당히 들면 자신감 있어 보이지만 반대로 아래로 당기면 자신감 없어 보이고 연약해 보인다. 이런 몸짓은 상대방의 동정에 호소할 때 효과적이다. 직장에서 실수했다면 상사 앞에서 턱을 아래로 당겨보자. 층간 소음으로 아래층에 사과하러 갈 때도 턱을 아래로 당기자. 살다 보면 논리적으로 설명하기 어렵고 무조건 양해를 구해야 할 때도 있다. 그럴 때는 애써 많은 설명을 하려 하지 말고 턱을 아래로 살짝 당겨서 동정에 호소하자. 턱을 들고 더 많은 설명을 해봐야 괘씸죄만 추가될 뿐이다.

상대방의 말을 자르고 자연스럽게 끼어들기

대화하다 보면 상대방이 말하는 도중에 끼어들어야 할 때가 있다. 상대방의 말을 잘라야 할 때 그냥 툭 치고 들어가면 상대방의 기분이 상할 수 있다. 다음과 같은 방법으로 슬며시 끼어들어보자. 상대방은 대화의 주도권을 내어주고도 크게 기분 나빠하지 않을 것이다.

1. 상대방에게서 시선을 거두고 시선을 조금 아래로 향한다.
2. OK 손짓을 만들어서 얼굴 쪽으로 든다.
3. 상대방이 말하는 중에 끼어든다.

자신감 없어 보이는 손짓

자신감을 드러내는 손짓을 연습하는 것도 중요하지만 자신감 없어 보이는 손짓을 하지 않는 것도 중요하다. 손을 비비 꼬거나 손가락을 만지작거리거나, 엄지손가락을 숨기거나, 테이블 아래로 손을 내리면 자신감 없어 보인다. 이런 손짓은 실제로 자신감이 없어서 하기도 하지만 습관일 가능성도 높다. 긴장하거나 두려울 때 무의식적으로 습관이 드러나는 것이다. 이런 습관이 있다면 빨리 고치는 것이 좋다. 누구나 긴장하는 순간이 있다. 감정이 겉으로 드러나느냐 드러나지 않느냐의 차이가 있을 뿐이다.

chapter 4.
매력의 기술

: 첫눈에
반하거나,
서서히
빠져들거나

미소의 힘은
강하다

#수용 #호감 #행복 #매력
#전염성이강해요
#밥사주고싶은·잘못는여자

한 남성이 비행기 안에서 승무원에게 미소 짓지 않는다며 이의를
제기했다. 자신에게 왜 미소 짓지 않느냐는 남성 승객에게 승무원
은 먼저 미소를 보이라고 대답했다. 그가 미소를 짓자, 승무원은
목적지에 도착할 때까지 그렇게 있으라고 했다. 10시간이 족히 넘
는 장시간 비행이었다. 그 남성 승객은 왜 승무원에게 미소를 요
구했을까? 그리고 왜 승무원은 승객에게 먼저 미소를 지어보라고
했던 것일까?

'미소의 힘'은 너무 많이 들어서 식상하게까지 느껴지는 말이다. 그래서일까? 사람들은 태어난 순간부터 삶이 끝나는 순간까지 미소에 얼마나 많은 영향을 받고 살아가는지 인식하지 못한다.

암스테르담대학에서 미소에 관한 실험을 했다. 쇼핑몰에서 쇼핑하는 사람들을 대상으로, 기부해주겠냐고 물으며 일부는 미소를 띠었고 일부는 무표정한 얼굴을 유지했다. 실험 결과 미소를 띤 얼굴에는 50퍼센트가 기부를 하겠다고 했으나 무표정한 얼굴에는 30퍼센트만 기부 의사를 밝혔다.

우리는 매 순간 미소를 짓고 누군가의 미소를 보면서 산다. 엘리베이터에서 만난 낯선 사람에게 예의상 미소를 짓고, 직장에서는 정중한 미소를 짓는다. 사랑하는 사람을 만나면 활짝 웃고, 영화관이나 카페에서 옆 사람에게 음료를 쏟으면 사과의 미소를 짓는다.

미소는 모든 대인 관계에 인간미를 불어넣는다. 미소는 비즈니스 기회를 얻고, 사랑하는 마음을 얻고, 친구의 관심을 얻는 계기가 된다. 미소는 사람의 마음을 여는 수용과 호감의 신호다.

오스트리아의 민족학자 이레노이스 아이블 아이베스펠트 Irenäus Eibl-Eibesfeldt는 시각·청각 장애아도 미소를 지을 줄 안다는 사실을 발견했다. 다른 사람을 보고 미소를 학습할 수 없는 아이들도 미소를 지을 수 있다는 것은 미소가 선천적이라는 증거다.

미소의 힘은 강력하다. 데일 카네기 Dale Carnegie는 『사람을 움직여라』에서 미소 띤 얼굴로 사람을 만나는 것이 호감을 사는 방법이라고 했다. 미소의 가장 큰 장점은 매우 간단하다는 점이다. 누구나 큰 결심을 하지 않고도 미소를 지을 수 있다.

미소를 지으면 행복해진다

사람들은 기쁘고 기분이 좋을 때 환한 미소를 짓지만, 진심 없이도 미소 지을 때가 있다. 이 미소를 '가짜 미소' 또는 '사교적인 미소'라고 한다. 가짜 미소는 나쁜 것일까? 사람은 감정이 표정에 드러나기도 하지만, 짓는 표정에 따라서 감정이 변하기도 한다. 행복해서 미소를 짓기도 하지만 미소를 지으면 행복해지기도 한다. 미소는 긴장된 상황을 편안하게 해준다. 가짜 미소도 좋은 감정을 만드는 데 도움이 된다.

표정은 전염성이 있다. 특히 미소는 전염성이 매우 강하다. 상대방이 미소 지으면 나도 따라서 미소 짓게 된다. 아주 어릴 때부터 그렇게 한다. 아기도 미소 짓는 얼굴을 더 오래 쳐다보고 따라서 미소를 짓는다.

스웨덴 연구팀은 행복한 얼굴 사진을 보기만 해도 미소를 짓게 된다는 것을 발견했다. 미소를 지으면 자신도 행복해지고 다른 사람도 행복해진다. 혹시 지금 속상한 일이 있다면 양손을 입에 대고 입꼬리를 올려보자. 거울을 보며 미소를 만들어보자. 입꼬리에서부터 행복이 시작될지 모른다.

웃는 사람은 매력적이지만, 일할 때는 주의 필요

유머 감각 있는 남성은 매력적이다. 여성은 자신을 웃게 해주는 남자를 좋아한다. 조사에 의하면 여성은 매력을 느끼는 상대에게 웃어주고, 남성은 잘 웃어주는 여성에게 매력을 느낀다고 한다. 사랑에 빠진 연인들이 재미없는 이야기를 하면서도 즐겁게 웃는 이유다.

캘리포니아대학 로스앤젤레스의 낸시 헨리Nancy Henley 교수는 비즈니스 관계에서 여성은 전체 시간의 87퍼센트가량 미소를 짓는 반면 남성은 67퍼센트 정도 미소 짓는다고 밝혀냈다. 여성은 일할 때 미소의 빈도를 조절할 필요가 있다. 특히 상대가 남성이라면 상대와 비슷한 빈도로 미소를 짓는 것이 좋다. 반대로 남성은 상대가 여성이라면 미소 짓는 빈도를 높여서 편한 분위기를 만드는 것이 좋다.

영업 성과를 높이는 미소

협상할 때는 계속 미소를 짓는 것보다 적절한 순간 미소를 짓는 것이 좋다. 영업도 미소가 동원되면 훨씬 성과가 좋아진다. 필요한 순간에 보여주는 미소가 쌍방에게 긍정적으로 작용한다.

몇 해 전, 양성종양을 제거하는 수술을 받았다. 종양이 폐 주변에 있어 수술 후에는 숨 쉬는 것도 고통스러웠다. 통증이 극심해서 모든 것에 의욕을 잃고 있었는데, 방문 너머에서 어린 조카의 까르르 넘어가는 활기찬 웃음소리가 들려왔다. 그 소리를 듣자 나도 모르게 기운이 났고 일어날 힘이 생겼다. 조카는 단지 텔레비전을 보고 있었을 뿐이다. 웃음이 건강에 좋다는 것은 알고 있었지만, 웃음소리를 듣는 것만으로도 놀라운 효과가 있었다. 활기찬 웃음은 건강뿐 아니라 광고와 상품 판매에도 효과적이다. 새로운 사람을 만날 때, 우울한 일이 있을 때, 영업할 때 활기찬 웃음으로 좋은 에너지를 전해보자.

keyword

조너선 리빈Jonathan Levine은 『스마일』에서 아기는 하루 평균 200번 미소를 짓는다고 했다. 그에 비해 여성은 62번, 남성은 겨우 8번 미소를 짓는다. 미소는 사람을 더욱 매력적으로 보이게 하고, 비즈니스 성과를 높여준다. 미소는 상대방의 마음을 열어 좋은 관계를 맺게 하고, 자신과 주변 사람들을 행복하게 한다. 미소는 노력할만한 충분한 가치 있다. 아낌없이 미소를 짓자.

같은 말을 하더라도 목소리를 통해 전달하는 감정을 달리할 수 있다. 심지어 생후 15개월 된 아이도 목소리와 행동이 일치하는지 알아차린다고 한다. 4세 아이를 대상으로 다음과 같은 실험을 했다. 아이 앞에 다른 동물과 함께 있는 토끼 인형, 깨끗한 토끼 인형, 찢어진 토끼 인형을 두고 "저 토끼를 봐"라고 했다. 말할 때 슬픈 목소리, 행복한 목소리, 아무 감정을 싣지 않은 목소리로 말했다. 아이들은 슬픈 목소리가 들리자 찢어진 토끼 인형을 쳐다보고, 행복한 목소리가 들리자 깨끗한 토끼 인형을 쳐다보았다. 목소리는 비언어 신호의 중요한 요소다.

매력적인 목소리는 신뢰감을 준다

영국의 저술가 존 몰리John Morley는 '누가', '어떻게', '어떤 내용'을 말하는지가 중요한데, 그중에서 '어떤 내용'의 비중이 가장 낮다고 했다. 말하는 내용보다 어떻게 말하는지가 중요하다는 뜻이다.

메라비언의 법칙에 의하면 말과 목소리 중 목소리가 더 중요하다. 일반적으로 사람들은 대화할 때 말의 내용에 가장 신경을 쓴다고 하지만, 전문가들의 연구에 따르면 내용보다 목소리가 의사소통에서 중요한 역할을 했다.

다음과 같은 상상을 해보자. 외모가 아주 평범한 남성을 만났다. 호감도 비호감도 느껴지지 않는다. 그런데 그 남성의 목소리가 아주 매력적이라면 어떨까? 말을 다 끝나기도 전에 호감을 느끼게 될 것이다.

사람들은 매력적인 목소리를 선호한다. 목소리가 매력적인 사람에게는 좋은 평가를 내린다. 정직하고 성실하게 느껴져 신뢰하게 된다고 한다. 어깨·가슴·허리·엉덩이의 비율이 이상적인 사람은 대부분 목소리도 매력적이라는 연구 결과도 있다.

사람들은 성량이 풍부해서 울림이 있고, 음색에 변화가 있으며, 비음이 섞이지 않은 저음의 목소리를 매력적이라고 느낀다. 목소리가 매력적이면 리더십이 있고 업무 수행 능력도 뛰어날 것으로 생각한다. 의사소통에서는 어떤 말을 하는지에 앞서 목소리가 힘을 발휘한다.

전문성을 드러내고 싶다면 목소리를 낮추어야 한다. 사람들은 목소리가 앳된 사람은 정직하고 따뜻하지만 업무 능력은 신뢰할 수 없다고 생각한다. 목소리가 높은 여성은 매력적으로 보이지만 전문적이지 않다고 여긴다. 권위를 드러내고 싶은 여성 리더라면 낮고 깊은 목소리를 내는 것이 좋다.

큰 목소리는 힘과 권위를 나타낸다. 큰 목소리는 상황에 따라 효과적일 수 있지만 분위기에 맞지 않게 큰 목소리를 내면 눈치 없는 사람으로 보인다. 반면 작은 목소리는 자신감 없는 사람으로 보인다. 찢어질 듯한 높은 목소리는 신경질적이고 예민한 사람으로 보이고, 앵앵거리는 목소리는 미성숙한 사람으로 보인다. 일반적으로 낮고 깊은 목소리가 좋다.

목소리 크기에 변화를 주고 빠른 속도로 말해야 한다

대화를 유연하게 이끌려면 목소리의 높낮이와 크기에 변화를 주어야 한다. 학창 시절 수업 시간을 생각해보자. 지루하고 졸려서 힘겨웠던 수업은 어떤 수업이었는가? 선생님의 목소리에 변화가 없을 때다. 목소리가 작고 힘이 없다면 더할 나위 없다.

강연이나 연설을 할 때 숨죽여야만 들릴 만큼 작은 목소리를 내다가 정신이 번쩍 들 만큼 큰 목소리를 내면 원하는 내용을 효과적으로 강조할 수 있다. 계속 큰 목소리를 내면 청중은 금세 집중력을 잃는다. 대중 앞에서 말할 때는 목소리 크기에 변화를 주어야 한다.

말의 속도가 빠르면 신뢰성과 설득력이 높아진다. 빠르게 말하면 듣는 사람은 그 말을 듣고 이해하느라 반론을 제기할 여유가 없어서 말하는 사람의 생각대로 따르게 된다.

대화할 때 늘 대화를 주도하는 사람이 있다. 그런 사람들의 말 습관을 관찰해보면 말의 속도가 빠르고 생동감 있다. 만약 자신이 대화를 주도하는 사람이라면 일방적으로 혼자 말하지 않도록 주의해야 한다. 적당히 말하면 유쾌하고 자신감 넘치는 사람으로 보이고 대화도 즐거워진다. 하지만 지나치면 자기중심적이고 자아도취에 빠진 사람으로 보인다. 함께 있는 사람이 모두 비슷한 비율로 말할 수 있어야 한다.

말이 느리면 자신감 없는 사람으로 보일 수 있다. 간혹 말의 속도가 느리면서도 카리스마를 보이는 사람이 있다. 말의 속도 외에 시선·몸짓·표정 등 다른 비언어 요소로 자신감을 드러내고 분위기를 압도하기 때문이다.

말하는 속도는 분당 125~190단어가 일반적이다. 전체적으로 빠른 속도로 말하면서 강조하고 싶은 내용을 말할 때는 속도를 느리게 하자. 사람들이 집중할 것이다.

발음은 지적 수준을 드러낸다

볼펜을 입에 물고 발음 연습하는 장면을 본 적 있을 것이다. 발음은 한 사람의 인상을 형성하는 데 상당히 중요한 요소다. 말하기 훈련을 하는 사람은 발음 교정에 많은 노력을 들인다. 정확한 발음은 말하는 사람의 지적 수준을 드러낸다. 발음이 정확하면 지적이고 능력이 뛰어난 사람으로 보인다. 발음이 정확하지 않다면 발음을 교정하는 것이 좋다.

또 한 가지 중요한 요소는 억양이다. 2010년 『뉴욕타임스The New York Times』 보도에 따르면 뉴욕 사람 중 일부는 뉴욕 억양을 고치려고 전문 언어 치료사의 도움을 받는다고 한다. 뉴욕 억양이 부정적으로 받아들여질 때가 있기 때문이다. 미국에서는 영국 억양을 지적으로 보고, 뉴욕 억양은 덜 지적으로 보는 경향이 있다고 한다.

예외도 있지만 한국에서는 표준 억양에 좀더 우호적이다. 지방 억양보다 표준 억양을 쓰면 더 유능하고 전문성 있다고 본다. 지방 출신 사람들은 비즈니스 상황에서 지방 억양이 드러나지 않도록 애쓰기도 한다.

얕은 호흡은 불안감을 조성한다

나는 이야기할 때 목소리에서 전해지는 상대방의 속마음을 읽으려고 한다. 말의 내용과 목소리의 신호가 일치하는지, 진심을 말하고 있는지, 다른 의도가 없는지 파악하려고 한다. 의외로 시각 정보 없이 목소리만 들을 때 진실과 거짓이 더 명확하게 구분된다. 몸짓·표정 등 다른 요소로 속마음을 숨길 수 있지만 목소리에 드러나는 감정은 숨기기 어렵기 때문이다.

감정을 드러내는 중요한 요소 중 하나는 호흡이다. 사람들은 불안하거나 초조하면 짧고 얕은 호흡을 한다. 얕은 호흡은 자신감과 확신이 없다는 신호이기도 하다. 호흡은 거울신경을 통해 다른 사람에게 영향을 미친다. 한 사람의 호흡이 얕아지면 다른 사람도 불안을 느낀다. 무의식적으로 주위 사람의 호흡을 따라 하기도 한다. 회의를 하는데 회의실에 불안감이 조성되었다면 누군가의 호흡이 얕아진 것일 수 있다. 습관적으로 얕은 호흡을 한다면 고치는 것이 좋다. 가는 곳마다 불안감을 조성하는 불안의 아이콘이 되고 싶지 않으면 말이다. 회의나 대화 중에 숨을 들이쉬는 사람이 있으면 그 사람에게 말을 하도록 기회를 주는 것이 좋다. 숨을 깊이 들이쉬는 것은 말을 시작하겠다는 신호다.

침묵은 지혜롭게 사용할 때 빛난다

말을 하다 보면 잠시 생각을 정리해야 할 때가 있다. 이때는 호흡을 가다듬으면서 한 템포 쉬는 것이 낫다. 침묵은 그림의 여백과 같다. 내용을 강조하고 상대방을 집중시키는 효과가 있다. 생각할 여유를 보일 정도로 자신감 있고 신중하다는 인상을 줄 수도 있다. 가장 좋은 것은 정리되지 않은 말을 하다가 말실수를 하는 상황을 막을 수 있다는 것이다.

협상 중 침묵은 협상 내용이 마음에 들지 않다는 신호다. 입을 다물고 있는 것만으로도 상대방에게 압박감을 줄 수 있다. 하지만 침묵이 길거나 이야기 중단이 지나치게 잦으면 부정적인 인상을 주게 된다. 다른 생각에 빠졌거나 거짓말하는 것으로 보일 수 있다. "음", "아" 같은 소리를 내면서 생각을 정리하면 자신감 없는 사람으로 보인다.

---

keyword

드라마를 보는데 단역 배우의 목소리가 좋아서 저절로 눈길이 갔다. 매력적인 목소리는 단역도 빛나게 해준다. 업무상 통화 를 하다가 상대방의 매력적인 목소리에 호감을 느끼기도 한다. 목소리는 한 사람의 일부지만 때로는 그 사람 전체를 대변해주 기도 한다. 매력적인 사람이 되고 싶다면, 권위 있는 리더가 되 고 싶다면, 대화를 주도하는 사람이 되고 싶다면 좋은 목소리 를 만들자.

미모도
재능일까?

#매력 #아름다움 #자신감 #당당함

미스 유니버스를 가장 많이 배출한 베네수엘라는 연간 수십억 달러의 화장품을 소비한다. 미국에서는 해마다 100만 명 이상이 성형수술을 한다. 한국에서는 20~30대 여성뿐 아니라 남성과 중년층의 성형수술이 증가하고 있다. 다이어트하는 사람들은 운동, 식이요법 등 수단과 방법을 가리지 않는다. 남녀노소 불문하고 사람들은 끊임없이 외모를 관리한다. 더 매력적인 외모를 위해 돈과 시간과 노력을 투자한다. 내면의 아름다움이 더 중요하다고 하면서도 사람들은 왜 그렇게 외모를 중시하는 것일까?

　영국의 사회학자 캐서린 하킴Catherine Hakim은 『매력 자본』에서 경제 자본, 인적 자본, 사회 자본과 더불어 매력 자본이 성공의 비밀이라고 밝혔다. 매력 자본은 아름다운 외모, 성적인 매력, 활력, 옷을 잘 입는 능력, 매력과 사회적 기술을 모두 아우르는 것이며 신체적 매력과 사회적 매력이 혼합된 것이다.

　많은 연구에서 매력적인 사람은 설득력이 강하다는 것이 밝혀졌다. 동일한 내용을 이야기했을 때 화자가 매력적이면 설득 효과가 높게 나타났다. 매력적인 사람은 청원서에 서명을 받거나 기부금을 받을 때 더 높은 실적을 올렸다. 매력적인 사람은 학업 성적이 높고 영업 기술도 뛰어났다. 사람들은 매력적인 사람에게 더 호의적이고 정중하게 대한다. 사람들은 매력적인 사람이 똑똑하고 유능하며 사교적이라고 인식한다. 어린아이와 성인을 가리지 않고 나타나는 특성이다. 어린 학생들도 외모에 따라 사람을 판단한다. 심지어 교사도 매력적인 학생이 더 영리하고 공부를 잘한다고 인식한다.

　'성공적인 삶'은 대부분 대인 관계를 통해 이루어진다. 정치·비즈니스·결혼·데이트·친구 사귀기 등에 있어서 매력은 중요한 자본이다. 여기서 말하는 매력은 단지 아름다운 얼굴이나 몸매에 국한된 것이 아니다. 단점과 약점에도 사람의 마음을 끄는 것을 매력이라고 한다.

아름다운 사람이 돈을 더 많이 번다

일반적으로 외모가 매력적인 사람은 그렇지 않은 사람보다 좋은 첫인상을 남긴다. 성격이 좋지 않아도 외모가 매력적이면 긍정적으로 인식되는 경향이 있다. 경제학자들은 외모가 매력적인 사람은 구직과 승진이 빠르며, 연봉도 평균 10~15퍼센트 더 많다고 밝혔다. 외모가 뛰어난 직원은 기업의 수익을 증가시키는 요인이 되기도 한다.

외모가 보수에 영향을 미친다는 의미에서 '외모 프리미엄'이라는 말도 만들어졌다. 반대 용어는 '외모 페널티'다. 외모가 곧 능력인 셈이다.

연구에 의하면 사람은 생후 2개월부터 외모를 구분한다고 한다. 연령·성별·인종에 상관없이 매력적인 얼굴을 더 오랫동안 쳐다본다. 6세가 되면 외모에 대해 확고한 기준이 생긴다.

매력적인 얼굴은 좌우 균형이 잘 잡힌 동안

그렇다면 어떤 외모가 매력적인 외모일까? 문화적·개인적 차이가 있지만 일반적으로 매력적인 여성의 얼굴은 작고, 피부가 깨끗하고, 이마가 볼록하며, 이목구비가 또렷하다. 매력적인 남성의 얼굴은 눈이 크고, 코가 오뚝하고, 턱이 날렵한 얼굴이다.

하지만 이보다 중요한 요소가 있는데, 바로 좌우 균형이다. 얼굴의 좌우 균형이 잘 맞으면 사람의 뇌가 빨리 인식한다고 한다. 뇌가 쉽게 인식하는 얼굴에 무의식적으로 끌리는 것이다.

언제부터인가 외모에 대해 이야기하면 빠지지 않는 키워드가 '동안'이다. 동안으로 보이게 해준다는 헤어스타일, 화장법, 성형 등이 유행한다. 그래서인지 요즘 50대는 과거의 50대보다 훨씬 젊어 보인다.

동안은 매력적인 얼굴의 중요한 요소다. 동안인 사람은 정직하고 진실해 보이고 마음이 따뜻한 사람으로 보인다고 한다. 매력적이면서 동안인 사람은 대인 관계에서 유리하다.

키가 크면 유능할까?

매력적인 외모에서 빼놓을 수 없는 것이 키다. 『포천Fortune』에서 선정한 500대 기업 대표의 58퍼센트가 183센티미터 이상이었다. 미국 남성 중 키가 183센티미터 이상은 14.5퍼센트에 불과하다.

일반적으로 사람들은 키가 큰 사람에게 더 호감을 느끼고 더 매력적으로 여긴다. 특히 남성에게 키는 중요한 요소다. 키가 큰 남성은 더 많은 연봉을 받고 좋은 업무 평가를 받는다. 남성의 키는 권력과 권위의 상징이 되기도 한다.

키가 중요한 매력 요소인 것은 사실이지만 그것이 전부는 아니다. 키가 큰 사람이 항상 매력적인 것은 아니고, 단신이라고 매력적이지 않은 것도 아니다. 배우 톰 크루즈도 단신이지만 한 시대를 풍미했다.

이미 성장이 끝난 성인이 키를 키우는 것은 불가능하다. 하지만 키가 커 보이게 하는 것은 가능하다. 고개를 들고 가슴과 어깨를 펴고 자신감 있고 당당한 자세를 보이자. 유능함과 매력을 함께 드러낼 수 있다.

당당함이 최고의 매력이다

시대의 흐름에 따라 미의 기준은 변화한다. 조선 중기와 후기에는 얼굴이 달덩이같이 동글하고 이목구비가 작은 얼굴을 예쁜 얼굴로 쳤다. 최근에는 작은 얼굴에 이목구비가 또렷하면 예쁜 얼굴이다.

매력의 기준도 변화한다. 과거에는 예쁜 얼굴이 매력의 기준이었다면 오늘날에는 얼굴이나 체형과는 상관없이 자신감 있고 당당한 모습이 매력의 기준이 되고 있다.

최근 패션계에서는 전형적인 미의 기준에서 벗어난 이들이 주목을 받고 있다. 실제로 예쁘고 잘생겼느냐, 아니냐가 중요한 것이 아니라 자신의 못생긴 부분도 매력으로 내세우는 사람이 매력적이라고 인정받는 것이다.

다음 세대의 오프라 윈프리로 주목받는 애슐리 그레이엄은 플러스 사이즈 모델이다. 그레이엄은 수많은 마른 모델 사이에서 '세계에서 가장 돈을 많이 번 모델 10명' 안에 들 정도로 활발하게 활동하고 있다. 다운증후군 모델인 호주의 매들린 스튜어트와 백반증 피부로 이름을 알린 캐나다의 위니 할로는 매력의 기준에 대해 많은 점을 시사한다.

미의 기준을 바꾸는 모델 매들린 스튜어트.

마른 몸매, 하얀 피부, 큰 키보다 자신의 결점을 극복하고 자신 있게 삶에 도전하는 '당당한 아름다움'에 세상이 주목하고 있다. 당당함이 최고의 매력인 시대다.

keyword

외모는 중요하다. 큰 키와 예쁘고 잘생긴 얼굴은 그야말로 축복이다. 하지만 그런 외모가 아니라도 충분히 매력적인 사람이 될 수 있다. 성형이나 다이어트로 외모를 가꾸는 것도 좋지만 그보다 우선되어야 하는 것은 자신을 사랑하는 마음이다. 우리는 끊임없이 대인 관계를 맺기 때문에 다른 사람의 시선에서 완전히 자유로울 수 없다. 타인의 시선에서, 사회적 기준에서 나를 지킬 수 있어야 한다. 복잡한 대인 관계 속에서 관계를 리드하는 힘이 있어야 한다. 당당하게 자신을 표현하자.

성공을 부르는 옷차림

#첫인상 #호감 #전문성
#자신감 #매력

얼마 진 새로운 고객과 회의가 있어서 그 고객의 회사를 찾아갔다. 회의실에서 대기하고 있는데 깔끔한 정장을 입고 서류 가방을 든 여성이 들어왔다. 적당한 굽의 구두는 잘 닦여 있고, 짧은 단발머리를 단정하게 귀 뒤로 넘긴 모습이었다. 화장은 했으나 색조가 강하지 않았다. 얼굴에는 밝은 미소를 띠고 있었다. 그녀를 보고 떠오르는 단어는 유능함, 전문성, 지적인 사람 정도였다. 이것이 옷차림이 주는 비언어 메시지다.

취업과 승진에 유리한 옷차림

직장인은 아침마다 '오늘은 무엇을 입을까'를 고민한다. 업무 계획과 날씨, 기분에 따라 옷을 선택한다. 평소 편한 차림으로 출근하는 사람도 중요한 약속이 있는 날은 옷차림에 더 신경을 쓴다. 어린아이들도 활동 계획과 날씨, 기분에 따라 옷을 선택한다. 외부 활동이 있는 날에는 가볍고 편안한 옷차림에 운동화를 신는다.

옷을 챙겨 입는 것은 습관적이고 반복적인 일이다. 무의식적으로 매일 반복하기 때문에 중요성을 미처 생각하지 못한다. 옷차림은 대인 관계에 영향을 미치는 중요한 비언어 수단이다.

비언어 커뮤니케이션 전문가들은 옷을 단정하게 입는 것만으로도 취업과 승진에 유리해진다고 말한다. 관리자 3,000명을 대상으로 한 설문 조사에서 43퍼센트가 직원을 옷차림 때문에 승진 또는 급여 인상에서 제외해본 경험이 있다고 했다. 사람의 옷차림은 첫인상과 이미지에 많은 영향을 미친다.

채용에서도 마찬가지다. 채용 평가를 하는 사람들은 후보자의 외모가 중요하지 않다고 말하지만, 옷을 적절하게 차려입고 보기 좋게 꾸민 후보자에게 채용의 기회가 더 많이 주어졌다. 외모에 대한 적절한 자기표현은 학력이나 경력처럼 중요한 스펙이 되기도 한다.

옷차림에 관한 흥미로운 실험이 있다. 사회적 지위가 높아 보이게 옷을 입은 사람이 불법 횡단을 하면 사람들이 더 많이 따라했다. 잔돈을 바꾸어달라거나 길을 물어볼 때도 좋은 옷차림을 하면 사람들이 더 적극적으로 도와주었다. 심지어 옷차림은 학교 성적에도 영향을 미친다. 옷차림이 단정한 학생이 지나치게 편한 옷차림을 한 학생보다 우수한 성적을 보였다고 한다.

옷차림은 외모와 더불어 한 사람의 매력을 좌우하는 중요한 요소다. 매력 지수를 높이고 싶다면 옷차림의 중요성을 인식해야 한다. 자신을 더 빛내주는 적절한 옷차림을 할 줄 알아야 한다.

상황에 맞는 옷차림이 중요하다

좋은 옷차림은 정장이나 비싼 옷을 입는 것을 말하는 것이 아니다. 아무도 양복을 입지 않는 자리에서 혼자 양복을 갖추어 입으면 예의 있는 사람이 아니라 상황 파악을 못 하는 사람이 될 뿐이다. 일반적으로 사람은 상대방이 입은 옷을 보고 고가의 유명 브랜드인지 아닌지 구분하지 못한다. 가장 좋은 옷차림은 상황에 맞는 옷차림이다.

평소 옷차림이 화려한 변호사가 있다. 강렬한 컬러와 과감한 스타일로 자신의 개성을 마음껏 뽐낸다. 그러나 업무상 약속이 있으면 상대에 따라 옷차림을 바꾼다. 상대방이 어려운 상황에 처해 있다면 수수한 옷차림을 한다. 상대방이 보수적인 사람이라면 깔끔한 정장을 갖추어 입는다. 벤저민 프랭클린Benjamin Franklin은 프랑스 대사를 지내는 동안 프랑스를 미국의 동맹으로 이끌기 위해 프랑스식 옷차림을 하고 프랑스 문화를 배웠다고 한다.

사람들은 옷차림으로 자신을 표현하고 개성을 드러낸다. 성공적인 비즈니스와 대인 관계를 위해서는 때와 장소, 상황에 따라 상대방 입장을 먼저 고려해야 한다. 그 안에서 자신의 패션 감각을 동원하면 더할 나위 없다.

화장은 적절해야 한다

화장은 자신감을 높여준다. 한 조사에 의하면 화장을 하고 안경을 쓸 때 상대방에게 가장 긍정적인 인상을 남긴다고 한다. 최근에는 화장하는 남성도 늘고 있다.

화장은 때와 장소에 따라 적절하게 할 때 효과적이다. 면접이나 비즈니스 만남에서는 진한 화장보다 수수한 화장이 전문적인 인상을 준다. 과한 마스카라나 강렬한 빨간색 립스틱은 섹시함을 드러낼 수 있지만 일할 때는 불리하게 작용할 수 있다. 일할 때는 차분한 색의 립스틱을 바르고 눈매를 선명하게 하는 정도로 화장하는 것이 좋다. 향수도 마찬가지다. 일할 때는 은은한 향의 향수를 쓰거나 쓰지 않는 것이 좋다.

매일 만나는 직장 동료나 상사에게도 전문적인 인상을 보이는 것은 중요하다. 신체의 작은 부분에서도 비언어적 신호가 드러날 수 있다는 것을 잊지 말자.

안경을 쓰면 지적인 인상이 된다

안경을 쓰면 정말 더 똑똑해 보일까? 같은 사람의

안경을 쓴 사진과 쓰지 않은 사진을 보여주고 사진 속 인물의 IQ를 예상해보라고 했더니, 안경을 쓴 쪽이 14포인트 더 높게 평가받았다. 안경을 쓰면 지적인 사람으로 보이는 효과가 있다. 이 효과는 5분 이상 지속되지 않지만 지적인 첫인상을 위해서는 그 정도면 충분하다.

눈을 크고 또렷하게 보이게 하는 컬러 콘택트렌즈는 사교 모임이나 데이트할 때 적절하지만, 비즈니스 자리에서 신뢰감을 주고 싶다면 안경을 쓰는 것도 좋다. 지위가 높고 권위 있는 모습으로 보이고 싶다면 테가 두꺼운 안경이 좋고, 쉽게 다가갈 수 있는 편안한 인상을 주고 싶다면 테가 얇거나 없는 안경이 좋다.

최근에는 안경을 액세서리로 활용하는 사람이 많아졌다. 패션쇼에도 안경을 쓴 모델이 등장한다. 안경을 패션 아이템으로 활용해보자. 더 지적이고 매력적으로 보일 것이다.

가방은 가볍게 들자

다음과 같은 상황을 상상해보자. 한 영업자가 양복을 입고 손에 가방을 들고 있다. 가방은 든 것이 많아서 불룩 튀어나와 있고 꽤 묵직해 보인다. 가방의 무게만큼 어깨는 처져 있다. 이 사람의 영업은 성공적으로 이루어질까?

영업과 같이 일 때문에 챙기는 가방에는 자료와 상품 샘플, 태블릿 PC나 노트북 등 많은 물건이 들어간다. 가방의 무게와 부피는 가방 주인의 지위를 나타낸다. 가방의 무게와 부피가 크면 일에 쫓기는 듯한 인상을 준다. 짐이 가벼운 사람이 결정권자로 보이고 일을 능률적으로 한다는 인상을 준다.

중견 기업에서 초고속 승진을 하며 승승장구하는 지인에게 영업할 때 무엇을 준비해서 가는지 물어본 적이 있다. 그는 종이 한 장만 가져간다고 답했다. 그의 영업 노하우를 다 아는 것은 아니지만, 그 대답이 매우 인상적이었다.

손을 가볍게 하자. 무거운 서류 가방은 어깨를 무겁게 할 뿐이다. 어쩔 수 없이 무거운 가방을 들어야 할 때는 상대방에게 가방의 무게가 전달되지 않도록 하자. 어깨와 가슴을 펴고 가볍고 경쾌한 발걸음으로 걸어가자.

여성은 핸드백과 서류 가방을 같이 들고 다니면 전문적으로 보이지 않으니 주의해야 한다. 중요한 비즈니스 약속이 있다면 서류 가방만 챙기는 것이 좋다.

가방은 왼손으로 드는 습관을 들이는 것이 좋다. 오른손으로는 언제든 악수를 할 수 있어야 하기 때문이다. 오른손으로 서류 가방을 들고 있다가 악수하기 전 가방을 허둥지둥 옮기는 모습은 보기 좋지 않다. 늘 상대방과 소통할 준비가 되어 있는 모습이 신뢰감을 준다.

keyword

영국 런던에는 모든 서비스 직원이 아르마니 정장을 입고 있는 호텔이 있다. 아르마니 정장을 입은 직원에게 서비스를 받으면 좋은 대우를 받는 느낌이 든다고 한다. 직원은 격 있는 서비스를 하면서 자부심을 느낄 것이다. 좋은 옷은 업무에도 좋은 영향을 미친다. 그렇다면 항상 비싸고 좋은 옷을 입어야 할까? 기업 대표가 경비 절감, 인원 감축을 이야기하는 회의 자리에 명품 정장에 고가의 시계를 차고 나타났다면 어떨까? 직원들은 단번에 대표에게 반발심을 느낄 것이다. 같은 명품 옷이지만 효과는 판이하게 다르다. 옷차림은 어떻게 하느냐에 따라 비즈니스에 좋은 영향도, 나쁜 영향도 미칠 수 있다.

아름다운 미소 만들기

미소는 자연스러운 것이 좋지만 아름다운 미소라면 더할 나위 없이 없다. 자신의 미소가 마음에 들지 않아서 미소 짓지 않는 사람도 있다. 아름다운 미소를 만들어보자.

○ 미소 지으며 사진을 찍자. 반복해서 찍다 보면 나만의 미소가 개발될 것이다.
○ 미소가 아름다운 사람과 함께하자. 거울신경이 그 미소를 따라 할 것이다.

미소로 우울증 극복하기

많은 사람이 우울증에 시달린다. 성적이 떨어지는 학생, 업무 스트레스가 심한 직장인, 결혼 생활이 원만하지 못한 부부, 출산과 육아 스트레스에 시달리는 여성, 오랫동안 병원 생활을 하는 환자 등은 자기도 모르는 새 우울증에 빠진다. 사춘기, 청년, 중년, 갱년기, 노년기 할 것 없이 모두 우울함과 싸우고 있다.

우울함이 클 때는 어떤 의욕도 생기지 않는다. 웃고 싶어도 웃음이 나지 않는다. 그렇다고 우울의 늪에 빠져 계속 허덕일 수는 없는 노릇이다. 이때 미소의 강력한 힘을 빌려보자. 억지로 미소를 지어보자. 최대한 오랫동안 지속하고 미소가 사라지면 2~3분 정도 기다렸다가 다시 미소를 지으면 된다. 이를 반복한다. 기분이 한층 나아지는 것을 느낄 것이다.

우울증은 부끄러운 것이 아니다. 감기로 몸이 아픈 것처럼 마음이 아픈 것이다. 감기에 걸리면 약 먹으면서 쉬고 나을 때까지 기다려주는 것처럼 우울증도 그렇게 극복해나가는 과정이 필요하다. 미소로 우울증을 극복해보자.

좋은 목소리 만들기

목소리는 타고나는 것이라고 생각할 수 있다. 그렇지 않다. 많은 사람이 목소리를 바꾸려고 노력하고 변화에 성공한다. 다음의 방법을 꾸준히 실천해보자.

1. 목소리를 녹음하고 들어본다.
2. 아나운서나 방송인 등 좋은 목소리 샘플을 찾아서 들어본다.
3. 2번의 샘플 목소리를 따라 하면서 내 목소리를 녹음한다.
4. 이 과정을 매일 반복한다.

성공적인 비즈니스를 위한 옷차림 센스

비즈니스 분야에 따라, 상황에 따라 어울리는 옷차림은 다를 수 있지만, 어느 자리나 적용되는 기본적인 패션 센스는 기억해두자.

남성

1. 청결은 기본이다. 아무리 좋은 옷도 더럽고 구겨지면 볼품없다.

2. 잘 맞는 옷을 입어라. 수선비를 아까워하지 마라.

3. 주머니를 가볍게 하라. 주머니가 가득 차서 볼록하면 게으르고 자기 관리를 못 하는 사람처럼 보인다.

4. 양말은 신발에 어울리게 신어라. 흰 양말에 검정 구두, 검정 양말에 슬리퍼는 패션 테러다.

5. 지나치게 비싼 시계는 착용하지 마라. 상대방의 부러움을 자극해서 좋을 것은 없다.

여성

1. 패션 트렌드는 참고만 해라. 방금 패션 잡지에서 튀어나온 듯한 이미지는 신뢰감 형성에 도움이 되지 않는다.

2. 항상 고가의 옷을 입을 필요는 없지만 유행을 타지 않는 좋은 정장 한 벌 정도는 마련하는 것이 좋다.

3. 짧은 미니스커트, 속옷이 비치는 옷은 비즈니스에는 도움이 안 된다.

4. 귀걸이·목걸이·반지 등 액세서리는 심플하게 하자.

5. 구두는 패션의 완성이다. 굽이 지나치게 높은 구두, 발가락이 보

이는 구두, 지저분한 구두는 패션 테러다. 완벽하게 메이크업을
한 여자의 구두가 지저분하면 그녀의 얼굴을 다시 보게 된다.

chapter 5.
습관의 기술

: 나쁜 습관 쓰레기통에 던져버리기

눈을 왜
그렇게 뜨세요?

#우월감 #불안감 #두려움 #매력

상대방이 아무 말도 하지 않는데 눈으로 이야기하는 것을 경험한 적이 있을 것이다. 우리는 '싸늘한 시선을 보낸다', '차갑게 노려본다', '눈이 휘둥그레졌다', '눈을 번득인다', '눈을 피하다'와 같은 표현을 자주 사용한다. 눈의 움직임으로 상대방의 속마음을 읽을 수 있다. 아무 말 하지 않고도 신호를 주고받을 수 있다. 눈을 어떻게 움직이느냐에 따라 겸손, 놀라움, 공포, 정직, 우월감을 나타낼 수 있다.

176

'빠히 쳐다본다'는 것은 거리낌 없이 지속해서, 똑바로 쳐다보는 것을 말한다. 빠히 쳐다보는 것은 지배 욕구와 우월감을 드러낸다. 상대를 제압하고 싶거나 상대를 불편하게 하려고 할 때 이 눈짓을 사용할 수 있다. 10초 이상 빠히 쳐다보면 상대방은 초조해지고 더 심하면 불쾌해진다. 빠히 쳐다보는 것은 기본적으로 부정적인 신호이므로 의도적으로 사용할 때가 아니라면 삼가는 것이 좋다.

남성 C 씨는 여성들과 대화가 잘 되지 않는 것이 고민이었다. C 씨는 근육질 몸매에 얼굴도 잘생긴 데다 유머 감각도 있고 사교적인 성격이었다. 그런데 여성을 만나 대화를 시작하면 상대가 곧 핑계를 대면서 자리를 피한다는 것이다. 그의 행동을 관찰해보았더니, 다른 사람을 과하게 빠히 쳐다보는 습관이 있었다. 그 습관 때문에 C 씨의 외모에 호감을 느꼈던 여성도 대화를 할수록 불편함을 느꼈던 것이다.

남성은 좋아하는 마음이나 호기심이 클 때 여성을 뚫어지게 보는 경향이 있다. 이미 사랑에 빠진 사이라면 서로 뚫어져라 보아도 전혀 부담스럽지 않지만, 첫 만남에서는 상대방을 빠히 쳐다보지 않도록 조심해야 한다.

업무상 관계에서도 빠히 쳐다보는 것은 좋지 않다. 상대방을 불편하게 만드는 것은 대인 관계에 도움이 되지 않는다. 습관적으로 남을 빠히 쳐다본다면 변화하도록 노력해야 한다. 사람들과 대화할 때 눈을 위아래로 움직여라. 오른쪽 눈에서 왼쪽 눈으로, 그리고 코끝으로, 다시 오른쪽 눈으로 시선을 자연스럽게 움직여라. 상대방이 한결 편안해 할 것이다.

곁눈질하는 이유: 감출 수 없는 불안함

곁눈질은 긍정의 의미와 부정의 의미를 모두 내포하고 있다. 표정에 따라 호감의 표시일 수도 있고 초조나 불안의 표시일 수도 있다. 뭔가 숨기고 있다는 느낌을 주기도 한다. 곁눈질을 하면서 눈썹을 치켜올리거나 미소를 짓는 것은 상대방에게 관심이 있다는 의미다. 좌우를 힐끔거리는 곁눈질은 초조나 불안을 의미한다. 눈썹과 입꼬리가 처지면서 하는 곁눈질은 비난이나 적대감을 드러내는 것이다.

곁눈질은 불안, 초조 등을 나타내는 몸짓언어다.

한 지인이 경력직 채용 면접을 본 이야기를 해주었다. 한 후보의 채용을 두고 면접관 3명의 의견이 분분했다는 것이다. 경력만 보았을 때 그 후보는 회사에서 찾던 적임자였다. 거기에 인상도 좋고 책임감도 강해 보였다. 그런데 면접 내내 뭔가 불안해 보여서 채용이 꺼려졌고, 면접관 사이에 의견 충돌이 있었다는 것이다. 왜 불안해 보였는지 자세히 물어보니, 흘끔거리는 곁눈질 때문이었다. 다행히 면접관 중 한 명이 강하게 설득해 그 후보자의 채용이 결정되었고, 입사 이후에는 책임감 있게 일을 잘 하고 있다고 한다. 이 후보자는 운이 좋았지만, 자신도 모르는 습관으로 인해 좋은 기회를 잃을 수도 있다.

유혹의 곁눈질도 있다. 여성이 살짝 위쪽을 바라보면서 곁눈질하면 남성의 보호 본능을 자극한다고 한다. 이 눈짓은 자주 사용하면 효과가 없다. 꼭 필요할 때만 해야 한다. 유혹의 곁눈질은 비즈니스 관계에서는 하지 않아야 한다. 유혹하는 여성의 이미지는 일에 도움이 되지 않는다.

메릴린 먼로의 동그란 눈

깜짝 놀라면 눈이 순식간에 휘둥그레진다. 기쁜 일로 놀라면 눈을 크게 뜨면서 눈썹이 올라가고 입이 살짝 벌어진다. 나쁜 일로 놀랐거나 두려움을 느낄 때도 눈을 동그랗게 뜨게 된다. 무서울 때는 입이 아래로 처지기도 한다. 분노했을 때도 눈을 동그랗게 뜨면서 입을 꼭 다문다.

다른 의미로 눈을 동그랗게 뜨기도 한다. 이 눈짓은 여성들에게서 쉽게 볼 수 있다. 눈을 동그랗게 뜨면 연약하고 순진한 이미지를 얻을 수 있고, 이성에게 매력적으로 보인다고 한다. 메릴린 먼로Marilyn Monroe가 이 표정을 잘 활용했다.

이 눈짓을 자주 사용하면 작은 일에도 놀라는 사람이라는 인상을 줄 수 있다. 특히 여성은 일할 때는 이 눈짓을 사용하지 않도록 주의해야 한다. 연약해 보이는 이미지로 승진의 기회를 놓칠 수도 있다.

keyword

생후 6주 이전의 아기는 검은 점을 보면 웃는다. 점을 눈으로 인식하기 때문이다. 눈은 점으로 보일 정도로 작은 신체 부위지만 대인 관계에서 많은 역할을 해낸다. 눈의 움직임으로 매력적인 사람이 될 수도 있고, 부정적인 사람이 될 수도 있다. 부정적인 의미로 읽히는 눈짓을 습관적으로 한다면 고치도록 하자.

마주 앉은 연인들은 왜 눈을 깜빡일까?

#불안감 #호감 #관심 #스트레스

가끔 혼자서 카페를 찾는다. 책을 읽거나 일을 하기도 하고 커피와 잘 어울리는 달콤한 디저트를 즐기러 가기도 한다. 카페에 앉아 있으면 다른 테이블에 앉은 사람들의 모습이 보인다. 가장 눈에 띄는 것은 아무래도 연인들이다. 대화하는 내내 손을 마주 잡고 눈을 맞추는 커플도 있고, 미소와 호감 어린 눈빛을 아끼지 않는 커플도 있다. 물론 마주 앉아서 각자 스마트폰만 바라보는 커플도 있다. 다양한 연인들의 모습에는 공통적인 행동이 있는데, 바로 대화를 하며 눈을 깜빡이는 것이다. 서로 눈을 깜빡이며 속마음을 드러낸다. 이들은 왜 눈을 깜빡이는 것일까?

눈을 깜빡거리는 데도 이유가 있다

아이의 눈을 가만히 들여다보면 이상한 점을 발견하게 된다. 눈을 잘 깜빡이지 않기 때문이다. 개인차가 있지만 성인은 보통 분당 6~8회 눈을 깜빡인다. 눈꺼풀은 약 0.1초 동안 닫혔다가 열린다. 눈 깜빡임은 심리 상황이나 주변 환경에 따라서 1분에 100회까지 늘어나기도 한다. 클린턴 전 미국 대통령은 보통 1분에 40여 회 눈을 깜빡이는데 매우 곤란한 질문을 받았을 때는 1분에 100회 이상 눈을 깜빡였다.

사람들은 불안할 때 눈을 더 많이 깜빡인다. 거짓말할 때도 마찬가지다. 하지만 진실을 말하면서도 상대방이 믿어주지 않을까 걱정되면 눈을 평소보다 많이 깜빡인다. 심리적인 압박을 받으면 뇌의 회전 속도가 빨라져서 눈을 깜빡이는 속도가 증가한다. 대화 중에 상대방의 말이 이해가 잘 되지 않거나 생각을 정리할 때도 눈을 깜빡이게 된다. 놀라서 눈을 깜빡이기도 한다.

눈을 깜빡이는 것은 반드시 감정 변화 때문만은 아니다. 눈이 건조하거나 조명 때문에 눈이 부실 때도 눈을 깜빡인다. 안구 건조, 눈 피로, 안검 경련과 같은 눈 건강 문제로 인해 눈을 자주 깜빡이는 사람도 있다.

일본의 한 텔레비전 프로그램에서 직업별로 눈을 깜빡이는 횟수를 관찰했다. 학생·학자·문화인 등은 약 30퍼센트만 눈을 자주 깜빡인 반면, 이공계·회계·사무 등의 직업군에서는 75퍼센트가 눈을 자주 깜빡였다. 환경과 개인적인 상황에 의해 습관적으로 눈을 자주 깜빡일 수 있다.

호감이 있으면 눈을 깜빡인다

좋아하는 사람 앞에서는 눈을 깜빡이는 속도가 빨라진다. 입가에 미소를 머금고 상대방에게 시선을 집중하며 눈을 깜빡이는 모습은 매우 사랑스럽다. 이런 눈 깜빡임은 '속눈썹 깜빡임'이라고 부르기도 한다. 여성은 호감 가는 남성 앞에서 매력적으로 보이려고 의식적으로 눈을 깜빡이기도 한다. 데이트를 하는데 상대방의 속눈썹 움직임이 눈에 띈다면 관심이 있다는 신호니 기뻐해도 좋다.

keyword

눈 깜빡임이 긍정적인 의미로 받아들여지는 것은 호감 있는 이성 앞에서 뿐이다. 평소에 눈을 자주 깜빡인다면 불안하고 뭔가에 쫓기는 듯한 인상을 줄 수 있다. 변화하도록 노력해야 한다. 습관이 아니더라도 극심한 스트레스 상황일 때 눈을 자주 깜빡일 수 있다. 덜 깜빡이려고 의식적으로 애써보지만 쉽지 않다. 그럴 때는 눈 깜빡임은 잊어버리고 몸의 긴장을 풀 방법을 생각하는 편이 낫다. 양손을 빠르게 비비거나 상체를 뒤로 젖히거나 숨을 깊게 들이마셨다가 길게 내쉬어보라. 몸의 긴장이 풀리면 자동으로 눈 깜빡임이 줄어든다.

습관의 기술

부부는 왜
서로 닮을까?

어느 날 대형 마트 주차장에서 80세는 족히 넘어 보이는 노부부를 보았다. 나는 한동안 노부부가 구입한 물건을 차에 옮기고 차를 타고 떠나는 모습을 지켜보았다. 그들은 분명히 부부였는데 쌍둥이처럼 닮아 있었다. 얼굴에 주름살이 깊이 패여 있었는데 그 깊이와 방향이 매우 유사했다. 말을 하는 모습과 무표정한 표정이 정말 비슷했다. 짧은 시간이었지만 그들을 주의 깊게 관찰했던 이유는 둘의 찌푸린 표정이 똑같았기 때문이다.

얼굴을 찌푸리는 이유

　사람들은 화가 나거나 불쾌할 때 이마를 찌푸리며 인상을 쓴다. 슬픔을 느낄 때 이마를 찌푸리기도 한다. 이마를 찌푸리며 인상을 쓰는 것은 긍정적인 신호가 아니다. 가급적 짓지 않는 것이 좋지만, 이 표정을 상대방에게 보여주어야 할 때가 있다. 화나 났거나 불쾌하다는 것을 의식적으로 알려야 할 때다.

　감정은 적절한 시점에, 적절한 방법으로 표현해야 한다. 부정적인 감정도 마찬가지다. 거짓말하는 아이에게, 무례한 농담을 하는 동료에게, 번번이 약속을 어기는 친구에게 '나는 매우 화가 났고 앞으로 다시 그러지 마라'는 강력한 메시지를 전달할 필요가 있다. 이럴 때는 언어 표현과 함께 비언어적 표현을 사용해야 효과적이다. 슬픈 일을 당한 사람을 대할 때 공감을 표현하려고 얼굴을 찌푸릴 수도 있다.

　습관적으로 얼굴을 찌푸리는 사람이 있다. 대화를 할 때나 혼자서 무엇인가에 집중할 때도 얼굴을 찌푸린다. 눈이 좋지 않아 눈을 찌푸리다가 표정으로 굳은 사람도 있다. 얼굴 구조상 찌푸리고 있는 듯한 인상도 있다. 아래턱이 위턱보다 돌출된 경우 입술을 다물고 있으면 찌푸리는 표정이 된다.

　찌푸리는 표정이 습관이 된 것을 주변 사람들은 아는데 정작 자신은 모를 수도 있다. 만약 평소 찌푸리는 표정을 한다면 원인을 먼저 파악해보자. 원인이 있다면 그 원인을 먼저 해결해야 한다. 얼굴 구조나 시력이 문제라면 원인을 해결하고 나면 자연스레 표정이 바뀌기도 한다. 특별한 원인이 없는 습관이라면 표정을 변화시키려고 노력해야 한다.

화가 나도 언성을 높이지 않고 화가 났다는 말도 하지 않는 사람이 있다. 대화 상대에 따라, 상황에 따라, 개인의 성격에 따라 화가 난 것을 표현하지 않기도 한다. 대화 중 상대방이 이마를 찌푸린다면 예의 주시할 필요가 있다. 화가 난 것인지, 습관인지 파악해야 한다.

상대방이 감정을 강하게 드러내기 전에 화가 난 것을 눈치채고 사과의 표현을 한다면 호감을 사는 기회가 될지도 모른다. 자신의 감정을 빠르게 알아준 것만으로도 나쁜 감정이 가라앉기도 한다. 좋은 대인 관계는 이런 극적인 타이밍으로 시작되기도 한다. 눈치 빠른 사람에게 마이너스 점수를 줄 사람은 아무도 없다.

슬픈 표정을 지으면 슬픈 감정이 느껴진다

미소를 지으면 행복해지는 것처럼, 이마를 찌푸리며 슬픈 표정을 지으면 실제로 슬픈 감정을 느끼게 된다. 배우가 아닌 이상 일부러 슬픈 감정을 만들어야 할 때는 흔치 않지만, 만약 그런 상황이 있다면 이마를 찌푸리면 된다. 장례식장에 갔을 때나 슬퍼하는 동료를 위로하고 싶을 때 이 표정을 지을 수 있다. 하지만 슬픈 표정 짓기 전에 기억해야 할 것이 있다. 위로는 진실한 마음으로 함께 있어주는 것에서 나오는 감정이다. 지나치게 꾸민 슬픈 표정은 오히려 역효과를 낼 수 있다. 진실한 마음에서 우러나오는 자연스러운 표정으로 위로하는 것이 가장 좋다.

슬픈 감정과 얼굴 근육의 움직임 사이에는 관련성이 있다. 일본의 한 연구팀은 얼굴의 눈물길 가까이에 물을 떨어뜨리고 감정을 묻는 실험을 했다. 물 몇 방울을 떨어뜨렸을 뿐인데 사람들은 슬픔을 느꼈다고 한다. 다른 실험에서 사람들의 미간을 인위적으로 좁혔더니 슬픔·분노·혐오의 감정을 느꼈다고 한다.

다윈은 얼굴을 찌푸리면 활성화되는 이마의 근육을 '슬픔의 근육'이라고 칭했다. 보톡스를 맞으면 이 근육이 움직이지 못 한다. 보톡스 시술을 받은 사람과 그렇지 않은 사람의 감정을 분석했더니, 보톡스 시술을 받은 사람들이 우울·불안·짜증 같은 부정적인 감정을 덜 느꼈다. 우울증을 앓고 있는 사람 중 일부에게 보톡스 시술을 하고 나머지 사람에게는 가짜 약을 처방했더니, 6주 후 보톡스 시술을 받은 사람들은 우울증 수치가 50퍼센트 이상 감소했고 가짜 약을 처방받은 사람들은 10퍼센트 정도 감소했다는 실험 결과도 있다. 보톡스로 이마 근육을 움직이지 못하게 하는 것만으로도 슬픔과 우울증을 극복하는 데 도움이 된 것이다.

그렇다면 보톡스 시술을 적극 활용하는 것이 좋을까? 몸짓 언어의 다른 측면에서 보면 보톡스 시술에는 2가지 결정적인 문제가 있다. 첫 번째는 얼굴 근육이 마비되어 얼굴을 자유자재로 움직일 수 없게 된다는 것이다. 진짜 미소를 지으려고 할 때 움직여야 할 근육이 움직이지 않아서 가짜 미소로 보이게 된다. 두 번째는 따라 하기를 할 수 없게 된다는 것이다. 상대방의 표정을 따라 하도록 거울신경이 명령해도 근육이 그것을 수행할 수 없다.

보톡스 시술은 주름을 줄여서 인상이 좋아 보이게 하고 동안으로 보이게 해준다. 하지만 중요한 몸짓언어를 원천적으로 봉쇄하기도 한다. 의사소통의 강력한 무기 하나를 잃게 되는 것이다. 보톡스 시술을 받는 대신 인상을 좋게 만드는 다른 방법을 먼저 시도해보기를 권한다.

---

keyword

흔히 "부부는 닮는다"고 한다. 얼굴 표정은 가장 쉽게 따라 하는 몸짓이다. 부부는 오랜 세월을 함께 보내면서 알게 모르게 상대방의 표정을 따라 하게 된다. 함께 웃고 함께 슬퍼하는 일이 반복되다 보면 점점 표정이 닮아간다. 부부 사이가 좋을수록 얼굴 표정이 많이 닮아간다. 중요한 점은 부부 사이가 좋다고 늘 인상이 좋은 것은 아니라는 것이다. 부부 중 한 명이 찌푸리는 얼굴이라면 그것도 닮아가게 된다.

부부뿐 아니라 오래된 친구도 얼굴이 서로 비슷하다. 얼굴을 찌푸리는 사람과 가까이 있다 보면 자신의 인상도 그렇게 될 수 있다. 주변을 둘러보자. 찌푸리는 얼굴이 보인다면 멀리 도망가라. 도망갈 수 없는 사람이라면 그 사람의 얼굴을 변화시키기 위해 함께 노력하는 수밖에 없다. 세월이 흘렀을 때 주름마저 고운 사람이 나와 함께 있다는 것을 상상해보라. 얼마나 큰 행복인가!

각양각색, 다양한
턱 괴기의 이유

#경청 #다른생각
#심사숙고 #의심

회의를 진행하는데 누군가 턱을 괴고 있으면 그 사람이 계속 신경 쓰인다. 학창 시절에도 수업 중에 턱을 괴면 혼나곤 했다. 수업에 집중하다 보면 나도 모르게 손이 턱에 올라갔는데, 손을 올리자마자 선생님께 혼났던 것이다. 선생님들은 왜 턱을 괴지 못하게 했을까?

"귀를 기울여 듣고 있어요"

상대방이 말하고 있을 때 손으로 턱을 괴는 것은 경청하고 있다는 신호다. 이때 얼굴은 상대방을 향하고 시선은 상대방에게 고정되어 있고 눈빛은 반짝인다. 손바닥을 펴서 얼굴을 감싸듯이 턱을 괴고 있다면 상대방에게 집중하고 있다는 의미다. 데이트하는 연인들에게서도 자주 볼 수 있는 몸짓이다.

검지를 세워서 귀에 대고 나머지 손가락 4개는 말아서 턱을 괴고 있다면 대화 내용을 심사숙고하고 있다는 의미다. 이때 중지로 입을 가리고 있다면 할 말이 있다거나 거짓말을 할지도 모른다는 걱정의 신호가 될 수도 있다. 귀에 대었던 검지를 입술로 옮기면 상대방의 말에 부정적인 입장으로 바뀌었을 가능성이 높다. 상대방의 말이 거짓말이 아닌지 의심하고 있다는 뜻이다.

"솔직히, 지루해요"

상대방의 말이 지루해지거나 흥미가 없어지면 다른 생각을 하게 되는데 이때도 턱을 괸다. 얼굴과 시선이 상대방이 아닌 다른 방향으로 움직이고 표정에서는 지루함이 드러난다. 조금 전까지 눈을 반짝이면서 경청하던 상대방에게서 변화를 발견했다면 분위기 전환이 필요하다. 대화 내용을 바꾸거나 질문을 해서 대화에 참여하도록 이끌어야 한다.

수업 시간에 턱을 괴고 있으면 교사는 학생이 수업에 집중하지 않는다고 받아들여 주의를 준다. 턱 괴기는 경청의 의미일 수도 있지만, 건강에 좋지 않기 때문에 교사는 학생이 바른 자세로 수업에 임하도록 지도하는 것이다.

습관적으로 턱을 괴는 것은 건강에 나쁘다. 한쪽으로 반복해

왼쪽부터 경청하는 턱 괴기, 다른 생각하는 턱 괴기, 의심하는 턱 괴기.

서 턱을 괴면 얼굴의 균형이 무너져서 안면 비대칭이 될 수 있고 목뼈가 틀어질 수도 있다. 턱 괴기는 사랑하는 사람과 세상에 단 둘만 있는 듯한 느낌을 즐기고 싶을 때만 하자. 턱을 괴었을 때 느껴지는 편안함에 익숙해져서 습관이 되지 않도록 주의해야 한다.

keyword

손으로 턱을 괴거나 만지는 것은 아주 흔히 볼 수 있는 몸짓이다. 턱을 괴는 형태에 따라 긍정적인 의미일 수도 있고, 부정적인 의미일 수도 있다. 하지만 어떤 의미든 건강에는 부정적이다. 목뼈가 틀어지면 평생 고생이다. 작은 습관 하나가 대인 관계뿐만 아니라 건강을 해칠 수도 있다.

그녀는 왜 목에 손을 댔을까?

#불신 #매력 어필 #스트레스 상황 #심리적 부담감 #불편

몸짓언어를 연구하다 보면 남성과 여성의 차이를 종종 발견하게 된다. 일할 때는 물론이고 일상에서도 마찬가지다. 기본적으로 여성은 몸짓언어를 읽고 이해하는 능력이 탁월하다. '눈치 빠르다', '센스 있다'는 표현은 여성에게 더 많이 쓰게 된다.

몸짓언어를 표현하는 것도 여성이 뛰어나다. 그래서 여성은 표현력이 풍부하고 설득력도 뛰어나다. 그러나 그만큼 몸짓언어를 잘못 쓸 때도 있다. 여성에게만 국한되는 것은 아니다. 남성도 잘못된 몸짓언어 활용으로 상대방에게 불편을 주고 비즈니스에 나쁜 영향을 미치기도 한다. 대표적인 것이 목과 관련된 몸짓이다.

불신일까, 이성적 매력일까?

대화하면서 목을 긁적이는 것은 의심과 불신 때문이다. 혼란스럽거나 당황스러울 때, 곤란할 때도 목을 긁적이지만 대부분은 상대를 믿지 못한다는 의미다. 상대방을 의심할 때는 머리를 살짝 기울이면서 목의 옆 부분을 긁는다. 상대방에 대한 불신을 고의로 드러내려는 의도가 아니라면 자제해야 하는 몸짓이다.

목은 여성의 매력을 드러내는 신체 부위다. 쇄골 부분을 만지면서 고개를 옆으로 살짝 기울이면 남성에게 매력을 드러내려는 몸짓이 된다. 이 몸짓은 호감 가는 이성 앞에서만 하는 것이 좋다. 습관적으로 목걸이를 만지면서 쇄골을 만지는 여성도 있는데, 오해를 살 수 있다. 특히 일과 관련된 자리에서는 이런 몸짓을 하지 않도록 신경 써야 한다. 사소한 몸짓 하나로 애써 쌓아온 이미지에 오점을 남길 수도 있다.

스트레스 상황이라는 신호

대화하면서 목을 문지르는 것은 스트레스 상황이라는 것을 드러내는 행동이다. 특정한 내용을 이야기할 때 상대방이 이런 몸짓을 한다면 그 부분에 심적인 부담을 느끼고 있다는 의미다. 목은 신체에서 가장 약한 부분이다. 무의식적으로 자신을 진정시키려고 목을 문지르는 것이다.

목을 문지르는 것은 표정에 따라서 상대를 무시하는 느낌을 줄 수 있다. 스트레스받고 있다는 신호가 그대로 전달되기 때문이다. 상대방에게 더는 대화하고 싶지 않다는 의미가 전달되기도 한다. 그런 표정과 몸짓을 보고 기분 좋을 사람은 없다.

협상이나 회의 자리에서 목의 뒷부분이나 옆 부분을 문지르는 것은 심리적인 부담감을 의미한다. 상대에게 그런 상황을 드러내서 좋을 것은 없다. 유리한 상황을 형성하려면 자제해야 하는 몸짓이다. 만약 상대방이 목 뒤나 옆을 문지른다면 편안해지도록 분위기를 전환하는 것이 좋다. 편안한 상태에서 협상과 회의가 진행되어야 서로 좋은 결론을 얻을 수 있다.

남성은 당황하거나 스트레스를 받으면 무의식적으로 목울대가 불거지기도 한다. 목울대는 감정을 그대로 드러내는 신체 부위다. 대화 상대가 남성이라면 목울대의 움직임을 살펴서 대화의 주도권을 잡을 수도 있다.

keyword

중요한 자리에서 무심코 목을 긁거나 문지르지 않도록 신경 써야 한다. 속마음이 그대로 드러나는 몸짓이다. 상대방이 몸짓의 의미를 정확히 알지 못해도 부정적인 분위기는 남는다. 그것이 쌓여서 자신의 이미지가 된다는 것을 잊지 말자.

팔짱은 소통의 장벽이다

#방어 #편안함 #소통의장벽 #신뢰감
#데이트할때만_팔짱끼자

얼마 전 어느 대기업 임원의 강연을 들었다. 강의 주제는 흥미로 웠고, 임원도 아주 열정적으로 강연을 했다. 청중은 그의 강연에 흠뻑 빠져들었다. 그는 강연이 끝나갈 무렵 청중에게 질문이 있는 지 물었다. 내내 유쾌하고 재미있게 강연을 이끌어간 그에게 질문 이 쏟아질 것이라고 예상했다. 그러나 청중은 선뜻 질문하지 못했 다. 왜 그랬을까?

팔짱=방어

팔짱은 자기 보호의 몸짓으로, 마음을 편하게 해준다. 하지만 보는 사람에게는 폐쇄적이고 적대적이라는 이미지를 전달한다. 사춘기가 지나면서 팔짱을 끼거나 다리를 꼬는 습관을 들이는 사람이 많다. 이 몸짓은 불편을 느꼈을 때 방어하려는 목적에서 기원한 것이다. 무심코 팔짱을 끼거나 다리를 꼬면 자신은 편안함을 느끼지만 상대방은 반대로 불편함을 느낀다.

앞에서 소개한 사례에서, 강연자는 청중에게 질문하라고 말하면서 팔짱을 끼고 있었다. 아마 자신도 모르게 습관적으로 팔짱을 끼었을 것이다. 하지만 그 행동은 청중과 강연자 사이에 소통의 장벽이 되었다.

연구에 따르면 강의를 들을 때 팔짱을 끼고 들으면 내용을 덜 기억한다고 한다. 팔짱을 끼면 상대방을 방어하게 되기 때문에 내용에 집중하기가 힘들어진다. 강의나 회의를 진행하는 중 팔짱을 끼고 있는 사람이 있다면 팔짱을 풀도록 유도해야 한다.

사람들은 예상치 못한 질문을 받으면 답변을 생각하면서 팔짱을 끼기도 한다. 이것은 전문가답게 보이는 몸짓이 아니다. 이런 상황에 자연스럽게 자신감을 드러내는 손짓을 할 수 있도록 평소 습관을 들이는 것이 좋다.

네트워크 파티를 진행하다 보면 팔짱을 끼고 있는 사람을 종종 볼 수 있다. 파티 문화와 낯선 사람들과의 대화에 익숙하지 않은 사람이다. 파티를 즐기고 다른 사람과 어울리고 싶다면 팔짱을 풀어야 한다.

팔짱을 껴보라. 어느 손이 위로 올라갔는가? 팔짱을 풀고 올라간 손이 내려가도록 반대로 해보라. 부자연스러울 것이다. 70퍼센트는 왼손이 위로 올라간다고 한다. 팔짱을 낄 때 올라가는 손은 자신의 의지대로 할 수 없지만 팔짱 끼는 습관은 의지대로 고칠 수 있다. 의도적으로 방어 신호를 보내야 할 때는 팔짱을 낄 필요가 있지만, 그런 상황이 아니라면 팔짱은 끼지 않도록 해야 한다.

변형된 팔짱의 형태

일반적인 팔짱 끼기에서 변형된 다양한 팔짱 형태가 있다. 팔짱을 끼고 손으로 양팔을 잡는 것은 자신을 보호하려는 자세다. 한쪽 팔만 팔짱을 끼고 있으면 긴장하고 있다는 뜻이다. 팔짱을 끼고 엄지를 세우는 것은 방어하는 동시에 우월감을 드러내는 것이다. 주먹을 쥔 채로 팔짱을 끼었다면 방어와 함께 적대감을 드러내는 것이다. 상대방이 이런 몸짓을 한다면 조심해야 한다.

팔짱 끼기의 또 다른 변형된 형태는 물건으로 방어벽을 세우는 것이다. 양손으로 컵을 드는 것이 대표적이다. 컵은 한 손으로도 충분히 들 수 있다. 양손으로 컵을 드는 것은 방어막을 형성해 자신을 방어하려는 것이다. 컵을 들고 있는 팔을 반대편에 내려놓아 방어막을 형성하기도 한다.

늘 대중 앞에 서야 하는 정치인이나 유명인은 자신의 불안감을 드러내려고 하지 않는다. 늘 자신 있고 당당하고 편안한 모습

컵으로 방어막을 형성하는 자세.

을 보이려고 한다. 하지만 그들도 사람이라 자신도 모르게 불안감이나 방어하고 싶은 심정을 나타내기도 한다.

영국의 엘리자베스 여왕은 손에 들고 있는 꽃이나 핸드백을 이용해 그런 심정을 표현한다. 여왕이 비상금을 넣기 위해 핸드백이 필요한 것은 아닐 것이다. 핸드백은 방어막이자 신호 전달 수단이다. 영국 왕실을 연구하는 사람들은 엘리자베스 여왕이 핸드백을 이용해서 경호원에게 이동하고 싶다거나 대화를 멈추고 싶다는 등 다양한 신호를 보낸다고 밝힌 바 있다.

남성들은 시계나 소매, 재킷의 단추를 만지거나 넥타이를 고쳐 매는 행동으로 방어의 신호를 보낸다. 대화할 때 가방이나 서류를 가슴에 품는 것도 방어의 몸짓이다.

대화 중에 상대방이 방어의 몸짓을 한다면 왜 그런지 파악할

남성은 시계나 소매를 만지는 행동으로 방어의 신호를 보내기도 한다.

필요가 있다. 어떤 내용이 상대방을 불편하게 하는지 파악해야 한다. 그것이 해소되면 방어의 몸짓에서 개방된 몸짓으로 바뀌는 것을 볼 수 있을 것이다.

팔은 몸에 붙이자

그러면 두 팔은 어떻게 하는 것이 가장 좋을까? 가장 좋은 예시 중 하나는 KFC 매장 앞에 있는 'KFC 할아버지' 커널 샌더스Colonel Sanders의 자세다. 서 있을 때 이상적인 팔의 자세는 팔을 양옆으로 내려서 몸통에 붙이는 것이다. 이 자세는 균형감 있어 보이고 신뢰감을 준다. 자신감 넘치는 사람들이 이 자세를 잘 취한다. 커널 샌더스 동상을 보면 팔을 내린 자세에서 팔을

호감 있는 이미지를 보여주는 팔의 자세.

조금 구부려 손바닥을 보여준다. 이 자세는 수용의 신호로 진솔한 사람이라는 인상을 준다.

　의자에 앉아 있다면 일어나서 내가 어떤 자세로 서 있는지 살펴보자. 다리는 안정적으로 약간 벌리고 어깨를 펴고 팔은 몸 양옆에 붙이자. 그리고 손바닥을 보여라. 미소 띤 얼굴로 그 자세를 유지하면 된다.

keyword

열정적으로 강연을 하고, 순조롭게 회의를 이끌고, 어려운 프레
젠테이션을 잘 끝내고 나서 자신도 모르게 취한 부정적인 몸짓
으로 분위기를 망칠 수도 있다. 그래서 몸짓언어에 대한 이해가
필요하다. 팔짱은 사랑하는 사람과 걸을 때 끼자. 몹시 추운 날
혼자 떨고 있는 것이 아니라면 자신의 팔짱은 풀도록 하자.

우리는 왜 다리를 꼬고 앉을까?

#방어 #당당함 #자신감
#우월감 #쩍벌남은싫어요

다리를 꼬는 것은 건강에 나쁘다. 의사들이 반복적으로 경고하는 데도 많은 사람이 다리를 꼬고 앉는다. 나도 마찬가지인데 왜 다리를 꼬는지, 언제부터 꼬게 되었는지는 모르겠다. 어느 순간 습관이 된 것 같다. 우리는 왜 다리를 꼬는 것일까?

아무 데서나 다리를 꼬면 안 된다

다리를 꼬는 것은 팔짱을 끼는 것과 같은 방어 자세다. 다른 자신감 있는 몸짓과 함께 사용하면 섹시하고 당당해 보일 수 있으나, 비즈니스 상황에서는 좋지 않은 자세다. 특히 협상에는 치명적인 영향을 끼칠 수 있다. 한 연구에 의하면 협상에 임하는 양측 모두 다리를 꼬지 않았을 때 합의에 도달할 가능성이 가장 높다고 한다. 2,000건의 협상 사례를 조사한 결과 협상에 참여한 사람 중 한 명이라도 다리를 꼬면 거래 성사가 어려워졌다.

멋지게 다리를 꼬는 방법

하지만 다리를 꼬고 앉는 자세가 언제나 부정적으로 해석되는 것은 아니다. 위에 올린 다리가 상대방을 향하면 상대방에게 마음이 향하고 있다는 신호다. 반대로 위에 올린 다리가 다른 곳을 향하고 있다면 부정적인 신호일 가능성이 높다.

자신감을 드러내는 다리 꼬기.

다리를 꼴 때는 상체를 바로 펴고 위에 올라간 다리를 다른 다리 쪽에 최대한 붙여서 가지런히 놓는 것이 좋다. 자신감은 드러내면서 자기방어의 편안함을 취할 수 있다.

연구에 의하면 사람은 양발 모두 바닥에 있을 때 최종 결정을 내린다고 한다. 그러므로 다리를 꼬고 있거나 걸치고 있는 상대방에게는 결정을 기대하지 않는 것이 좋다. 다리를 꼬고 있는 사람에게 결정을 이끌어내야 한다면 자세를 바꾸도록 유도하는 것이 좋다.

서서 다리를 꼬는 것은 폐쇄적인 자세

파티에 가면 사람들 사이에서 다리를 꼬고 서 있는 사람이 있다. 직장에서 동료들과 대화하면서 이 자세를 취하는 사람도 있다. 이 자세도 방어적인 자세. 자신감이 부족하거나 불안하거나 상대방이 불편하면 이 자세를 취하게 된다. 팔짱을 끼고 다리를 꼬고 있으면 완벽하다. '접근 금지' 팻말을 들고 있는 것과 다를 바 없다.

파티에 갔는데 자신의 주변에 사람이 모이지 않는다면 자신의 팔과 다리를 보자. 어디에서든 사람들과 잘 어울리고 싶다면 팔과 다리를 풀자.

반대로 상대방이 편하게 느껴질 때 다리를 꼴 수도 있다. 비스듬히 기대어서 발목을 꼬는 것이다. 보통 친구나 친한 동료와 함께 있을 때 이 자세를 취한다. 상대방이 이 자세를 취할 때 같은

개방적인 자세(왼쪽)와 폐쇄적인 자세(오른쪽).

자세를 취하면 편안하고 친밀한 분위기가 형성된다.

'쩍벌남'은 비호감

여성들에게 '지하철 비호감'을 물어보면 가장 많이 나오는 대답이 '쩍벌남'이다. 옆 사람이 불편할 정도로 다리를 쩍 벌리고 앉는 남자를 말한다. 이 말은 2015년 옥스퍼드 영어 사전에 등재되기도 했다. 한동안 온라인을 뜨겁게 달군 탓인지 최근에는 '쩍벌남'이 다소 줄어들었다.

다리를 벌린 자세는 상대방에게 위협을 준다. 특히 여성은 다리를 과하게 벌리는 남성에게 혐오감을 느끼고 그 사람과 대화 자체를 피하기도 한다. 아직도 다리를 쫙 벌리고 남성성을 과시하려는 사람이 있다면 기억하기 바란다. 다리를 벌린 만큼 동료들은 멀어질 것이다. 허리와 골반에 무리가 되어 건강 문제를 유발할 수도 있다. 자신의 어깨너비만큼 다리를 벌리고 앉는 것이 '매너남'이 되는 방법이다.

keyword

다리 꼬기는 팔짱 끼기만큼 흔한 방어 자세다. 이미 습관이 되어 다리를 꼬는 것이 편하다고 해도 관심 있는 이성과 마주하고 있다면, 협상에 성공하고 싶다면 다리를 꼬지 않는 것이 좋다. 특히 남성은 다리 자세로 인해 비호감의 아이콘이 되지 않도록 주의하자. 기왕이면 누구에게나 호감을 주는 자세를 취하도록 하자.

나쁜 습관 찾기

몸짓언어를 개발할 때는 먼저 나쁜 습관을 없애야 한다. 나쁜 습관은 자신의 의도와는 상관없이 부정적인 이미지를 전달하기 때문이다. 무의식중에 나오는 습관은 중요한 순간에도 튀어나올 수 있다. 나쁜 습관을 없애려면 자신의 습관을 전반적으로 파악해야한다. 다음의 방법으로 자신의 습관을 파악하고 나쁜 습관이 있다면 고치도록 하자.

동영상 촬영하기

대화하는 모습을 동영상으로 촬영해보라. 무의식중에 하는 습관을 찾을 수 있을 것이다.

가족이나 친구에게 물어보기

가족이나 친구 중에 세심한 사람이 있다면, 습관적인 표정이나 몸짓이 있는지 물어보라. 나쁜 습관의 예를 설명해주고, 대화할 때 살펴보고 발견하면 알려달라고 부탁하라.

전문가의 도움 받기

비언어 커뮤니케이션이나 몸짓언어 전문가에게 도움을 받는 것이다. 무엇보다 빠르고 확실하다.

Plus Tip

나쁜 습관 없애기

나쁜 습관을 찾았다면 없애야 한다. 입술의 움직임을 예로 든다면 긴장하거나 불안하거나 초조할 때 습관적으로 입술 깨물기, 입술 뜯기, 입술에 침 바르기, 입술 말아 넣기, 혀 내밀기 등을 하는 사람이 있다. 이런 몸짓을 하는 사람은 전문적으로 보이지 않는다.

습관은 나도 모르게 나오기 때문에 고치려면 꾸준히 노력해야 한다. 긴장했을 때는 나쁜 습관에 관해 생각하는 것보다 긴장을 푸는 몸짓을 하는 것이 효과적이다. 직장 상사 앞에, 대중 앞에 서기 전에 긴장된다면 심호흡을 하고 어깨를 펴고 가슴을 활짝 열어라. 양팔로 자신을 안아주는 것도 도움이 된다. 마음속으로는 '할 수 있어, 긴장 풀어'라고 외치자. 데이트할 때도 마찬가지다. 약간의 긴장은 귀엽게 보이기도 하지만 자신감 이상의 매력은 없다는 것을 유념하자.

보톡스 시술 없이 좋은 표정 만들기

보톡스 시술이 나쁘다는 것은 아니다. 미용상 여러 가지 장점이 있고 자신감을 북돋아주어 대인 관계에 도움이 될 수도 있다. 하지만 거울신경의 활동에 장애가 될 수 있으니 주의가 필요하다. 보톡스 시술을 받기 전에 좋은 표정을 만드는 훈련을 해보면 어떨까?

좋은 생각하기

나쁜 생각은 나쁜 표정을 낳고, 좋은 생각은 좋은 표정을 낳는다.

거울을 보며 표정 살피기

책상 곳곳에 거울을 두자. 언뜻언뜻 스치는 표정을 살펴보면서 밝은 표정을 유지하자. 거울에 얼굴이 비쳤을 때 미소 지어주는 것은 기본이다. 가끔은 윙크도 보내주자.

표정이 밝은 사람 가까이하기

표정이 밝은 사람은 대부분 좋은 생각을 한다. 그런 사람의 옆에 있으면 외면과 내면이 모두 변한다. 긍정의 바이러스에 흠뻑 젖어들자. 표정이 밝은 사람에게 밥도 사고 커피도 사자. 투자가치가 충분히 있다.

팔짱 끼기를 활용한 협상의 기술

우리는 일상에서 수시로 협상을 해야 한다. 물건을 살 때도 협상의 기술이 필요하다. 팔짱 끼기는 그럴 때 효과적으로 쓸 수 있다. 먼저 사고자 하는 물건의 기본 정보를 파악하고 간단한 질문을 던져라. 이때 무표정한 표정과 무관심한 말투를 유지해야 한다. 그리고 입술을 다물고 팔짱을 끼어라. 말을 하면서 미세하게 고개를 흔들어라. 몸의 방향은 판매자의 정면이 아니라 약간 비스듬한 쪽을 향해야 한다. 판매자가 좋은 조건을 제시하면 몸짓을 하나씩 바꾸어라. 팔짱을 풀고 고개를 끄덕이고 몸은 판매자를 향하도록 하자. 한꺼번에 바꾸는 것이 아니라 하나씩 천천히 바꾸어야 한다. 상대방이 좋은 조건을 제시할 때까지 시간을 주는 것이다.

무례한 남자 대하기

직장이나 업무 관계에서 무례한 자세를 취하는 남성을 만난다면 심각하게 받아들이지 않는 것이 좋다. 만약 다리를 심하게 벌리고 앉은 남자가 있다면 바지 지퍼가 열린 듯 눈짓을 살짝 보내자. 상식이 있는 남성이라면 깜짝 놀라서 다리를 오므릴 것이다. 의자 팔걸이에 다리를 올리고 있거나 의자에 거꾸로 앉아 있다면 그의 뒤에 서서 이야기해보라. 뒤에서 무슨 일이 일어날지 걱정이 되어서 자세를 바꿀 것이다. 상대방이 무례하다고 판단이 되었을 때 그것을 용납하지 않는 마음을 먹어야 한다. 그대로 두면 계속 같은 행동을 한다. 자신의 감정은 자신이 보호해야 한다. 상대방의 잘못된 자세 때문에 자신의 감정을 소모할 필요는 없다. 그렇다고 정색하며 싸우지는 말자. 오늘만 보고 내일 안 볼 사람이 아니지 않는가?

chapter 6.
속마음을 읽는 기술

: 상대방이
말하지 않는
속마음,
몸짓에서
읽어라

말보다 먼저
입술을 읽어라

#반대합니다 #싸움을 줄이는 기술
#스트레스 #자신감부족 #거짓말

동시에 2가지 일을 못 하는 남성이 답답하다는 여성이 많다. 여성은 아침에 커피를 내리면서 식사 준비를 하고, 아이들을 챙기면서 메이크업도 할 수 있다. 직장에서도 통화하면서 문서 작업을 마무리하기도 한다. 여성의 멀티태스킹 능력은 같은 여성이 보아도 놀랍다.

사람의 신체 중에서 멀티태스킹을 가장 잘 하는 부위는 입술이다. 말하고 먹으면서 속마음을 드러내는 비언어적 표현도 한다. 하나의 입술로 '예스'라고 말하면서 '노'라는 표현을 할 수도 있다. 사람들은 중요한 순간에 상대방의 입술을 본다. 무슨 말을 할지, 무슨 움직임이 있을지 입술의 움직임을 읽으려고 한다. 입술

212

움직임의 신호를 이해하는 것은 상대방의 속마음을 읽는데 매우 유용하다.

반대하고 싶을 땐 입술이 오므라든다

사람들은 마음이 괴롭거나 스트레스를 받으면 입을 꼭 다문다. 입술로 보내는 신호 중 대표적인 것이 입술 오므리기다. 이것은 미세한 움직임이기 때문에 자칫하면 놓칠 수 있다. 대화 중 입술을 오므리는 것은 상대방의 의견에 반대한다는 의미다. 반대의 정도가 강할수록 입술을 많이 오므린다.

협상이나 대화 중에 부정적인 입술 움직임을 포착하는 것은 매우 중요하다. 상대방의 결정이 내게 불리할 수 있다는 신호다. 상대방이 이 신호를 보내는 것을 발견하면 생각을 바꿀 수 있도록 설득해야 한다. 사람들은 어떤 사안에 대해 많은 생각을 하고 결정한다. 마음속으로 결정을 내린 뒤 말로 표현한다. 말로 표현한 후에 번복하는 것은 거의 불가능하다. 사람들은 본인의 결정에 대해 일관성을 유지하려는 욕구가 있다.

상대방이 입술을 오므린 순간, 반대 의견에 대한 공감의 말을 해야 한다. 상대방의 생각을 읽고 선수를 치는 것이다. 그 후 본인의 주장을 좀더 보완해서 상대방을 설득해야 한다. 이것은 비즈니스 협상뿐 아니라 부부나 연인 사이에도 도움이 된다. 상대방의 생각을 읽지 못하고 본인 의견을 내세우다가 상대방이 반대 의견을 말하는 순간 갈등은 시작된다. 상대방의 반대 의사를 읽는

평상시 입술(왼쪽)과 스트레스를 받아 오므린 입술(오른쪽).

것은 '싸움을 줄이는 소통의 기술'이다.

입술 오므리기 강도는 심적 고통이나 스트레스의 강도와 관련이 있다. 입술이 보이지 않을 정도로 꼭 다물었다면 스트레스 상황이라는 의미다. 더 심해지면 입꼬리가 내려가면서 거꾸로 된 U 자 모양이 된다. 이 입술 모양은 두려움을 느끼는 어린아이에게서도 볼 수 있다.

대화 중에 상대방의 입술 오므리는 강도가 점점 높아진다면 한 발 후퇴 전략이 필요하다. 좀더 생각할 시간을 갖고 다음에 다시 이야기하자고 제안하는 것이 좋다.

입술 오므리기는 원시시대부터 이어져온 본능적인 반응이다. 포유류의 뇌에서 감정 기능을 담당하는 변연계의 작동이다. 전 세계인이 동일하게 하는 표현으로, 상대방의 속마음을 읽는 데 매우 유용하다.

입술의 움직임이 의사소통에 유용하다고 해서 상대방의 입술만 뚫어져라 보지는 말자. 특히 상대방이 이성인 경우 괜한 오해를 살 수 있다. 시선은 언제나 사교 시선 영역 안에서 자연스럽게 머물러 있어야 한다.

자신감이 부족할 때 입술을 깨문다

사람들은 부끄럽거나 수줍을 때 입술을 깨문다. 대중 앞에 서는 것이 익숙하지 않은 사람이 어쩔 수 없이 대중 앞에 서야 할 때 입술을 깨무는 모습을 보인다. 자신감이 부족하고 마음이 여리다는 것을 보여주는 행동이다.

할 말이 있는데 선뜻 말을 꺼내지 못할 때 입술을 깨물기도 한다. 프레젠테이션이나 강연을 할 때 청중에게서 이런 몸짓을 발견한다면 그 사람에게 할 말이 있는지, 궁금한 점이 있는지 물어보는 것이 좋다. 그 사람은 마음을 읽어낸 것에 깜짝 놀랄 것이다.

거짓말할 때 입술을 깨물기도 한다. 특히 거짓말이 서투른 사람이나 어린아이는 다 보일 정도로 입술을 깨문다. 반대로 거짓말에 능숙한 사기꾼은 거짓말을 하면서 입술을 깨물지 않는다.

입술 깨물기는 의도적으로 연약하게 보이려고 할 때 외에는 사용하지 않아야 한다. 여성이 관심 있는 남성 앞에서 아랫입술을 살짝 깨무는 것은 매력적으로 보일 수 있다. 기억하라. 윗입술을 깨무는 것이 아니다. 윗입술을 깨무는 것은 전혀 섹시해 보이지 않는다.

혀를 날름거린다면, 조심하라!

혀로 입술을 핥는 것도 이성에게 섹시함을 드러내는 몸짓이다. 관심 있는 이성이 이런 표현을 한다면 사랑스러울 수 있다. 하지만 혀가 입술에 닿지 않게 순식간에 날름하는 것은 기만의 신호다.

물건을 구입하거나 거래할 때 판매원은 아주 좋은 조건으로 구입했다고 말하면서 기분을 띄워준다. 그런데 그 말이 신뢰되지 않고 뭔가 석연치 않다면 판매원의 입술을 잘 보기 바란다. 어느 순간 혀를 날름할지도 모른다.

혀를 날름하는 것은 무의식적인 표현이다. 중요한 거래나 협상 시 상대측의 누군가 이런 표현을 한다면 뭔가 숨기고 넘어간 것이 있다는 뜻이다. 그럴 때는 협상 내용을 전체적으로 다시 검토하면서 상대측의 반응을 꼼꼼히 살피는 것이 좋다.

keyword

사람들은 상대방이 무슨 말을 할지 궁금해 하며 입술을 쳐다본다. 하지만 중요한 것은 말보다 앞선 입술의 움직임을 읽는 것이다. 입술의 움직임은 말의 내용보다 정확하게 속마음을 보여준다. 입술의 움직임을 읽어서 불리한 상황을 바꾸고 비즈니스 성과를 높이자. 직장에서, 가정에서 상대방의 마음을 읽을 줄 아는 센스 있는 사람이 되자.

동공의 움직임을 읽어라

르네상스 시대 이탈리아의 고급 매춘부들은 벨라도나belladonna로 만든 점안액을 눈에 떨어뜨렸다. 벨라도나는 가짓과에 속하는 독초毒草로 독약으로도 이용되었을 정도로 유독한 식물이다. 눈에 넣으면 통증을 일으키고 오래 사용하면 치명적이다. 이렇게 위험한 것을 눈에 넣은 이유는 무엇일까? '아름다운 여인'이라는 뜻을 지닌 벨라도나는 눈에 넣으면 동공을 확장시켜준다. 확장된 동공은 남성의 호기심을 자극해 매력적으로 보이게 해준다.

　동공은 몸짓언어 중에서 가장 움직임이 작은 부위다. 동공은 크기와 움직임이 매우 작지만 동공을 통해 속마음을 읽을 수 있다. 동공이 크면 더 매력적으로 보인다. 또한 동공 크기의 변화를 통해 상대방의 흥미와 관심도를 읽을 수 있다.

흥미를 느끼면 동공이 커진다

미국의 심리학자 에크하르트 헤스Eckhard Hess는 동공계측학의 창시자다. 헤스 박사는 무엇인가 호기심을 자극하거나 흥미를 끌면 무의식적으로 동공이 커진다고 밝혔다. 관심 있는 대상을 더 잘 보기 위해서다.

동공은 마음먹은 대로 통제할 수 있는 부분이 아니다. 동공 반응은 뇌에서 자동적·무의식적으로 이루어진다. 그래서 동공의 변화로 드러나는 감정은 매우 신뢰할만하다. 속마음을 그대로 보여주기 때문이다.

헤스 박사는 실험 참가자들에게 5가지 사진을 보여주면서 동공 크기의 변화를 분석했다. 남성과 여성의 나체 사진, 어머니와 아이, 아이, 풍경 사진이었다. 실험 결과 여성이 남성보다 동공의 변화 정도가 컸다. 남성은 여성의 나체 사진을 보았을 때 동공이 가장 커졌다. 여성은 어머니와 아이가 함께 있는 사진을 보고 동공이 가장 커졌다. 그다음이 남성의 나체 사진이었다. 남성 동성애자는 남성의 나체 사진을 보고 동공이 가장 커졌다. 다른 연구에서는 좋아하는 정치인의 사진을 보면 동공이 커지고, 싫어하는 정치인의 사진을 보면 동공이 작아진다는 것이 밝혀졌다.

과거 중국의 보석상은 가격을 흥정할 때 동공의 변화를 활용했다. 보석에 흥미가 있다는 것을 들키지 않으려고 선글라스를 쓰기도 했다. 선글라스는 중국에서 발명되었는데, 송나라 시대 재판관은 죄인을 심문할 때 표정을 드러내지 않으려고 선글라스를 썼다고 한다. 선글라스 발명의 용도가 자외선 차단이 아니라 표정을 감추기 위해서였다니 놀라운 사실이다.

판매원이나 영업 사원이라면 고객의 동공이 팽창하는 것을 읽도록 하자. 상품에 관심이 있으면 동공이 커지고, 관심이 없으면 동공이 작아진다. 동공이 작아진 고객에게 더 많은 설명을 하는 것은 시간 낭비일 수 있다. 동공이 커졌다면 결정의 순간만 기다리면 된다. 고객의 눈을 읽고 시간을 효율적으로 사용하자. 사람마다 영업 전략이 다르겠지만 판매 가능성이 있는 고객을 많이 만나는 것이 효과적이다.

동공이 크면 매력적으로 보인다

일반적으로 사람들은 눈동자가 큰 사람은 순수하고 정직하다고 생각하고 그들에게 본능적으로 매력을 느낀다. 연구에 따르면 동공이 커져 있을 때 더 매력을 느낀다고 한다. 이 경향은 남성이 더 강하다.

헤스 박사는 동공의 크기만 다르게 조작한 여성의 사진 여러 장을 남성들에게 보여주었다. 실험에 참가한 남성 대부분이 동공을 크게 조작한 사진이 더 매력적이라고 했다. 그렇게 대답한 이유를 물어보니 뚜렷한 이유를 말하지 못했다. 큰 동공에 무의식적으로 반응한 것이다.

동공이 크면 매력적으로 보이는 것은 성인 여성만이 아니다. 어린아이들은 성인보다 동공이 크다. 아이들은 어른의 사랑을 받으려고 동공이 커진 상태를 유지한다고 한다. 인간을 묘사한 인형을 보아도 동공이 비정상적으로 크다. 사람들은 무의식적으로 그런 인형에 호감을 느낀다. 광고 사진 속 인물의 동공을 크게 조절하면 상품의 매력이 증가한다. 『보디 랭귀지』의 저자 바버라 피즈 Barbara Pease와 앨런 피즈는 이 방법으로 립스틱의 매출을 45퍼센트 증가시켰다.

'조명발'이라는 말이 있다. 어두운 조명 아래에서는 이성이 더 매력적으로 보인다. 어두운 조명은 동공을 확장시켜 이성에게 더 매력적으로 보이게 한다. 참고로 남성의 큰 동공은 성적 호기심을 불러일으킨다.

지능이 높을수록 동공의 변화가 작다

동공은 조명이나 약물로 인위적으로 조절할 수 있다. 그러나 동공 확장의 가장 주된 원인은 물리적인 요소가 아니라 바로 감정이다. 포커 선수들은 상대방의 동공이 급격히 확장하는 것을 보면 다음 차례에 베팅하지 않는다. 포커 선수들은 자신의 직감이라고 말하지만, 실제로는 동공의 변화를 읽은 것이다.

기억에 대한 연구에 따르면, 새로운 것을 보았을 때보다 이미 알고 있는 것을 볼 때 동공이 확장된다고 한다. 그리고 기억이 선명할수록 동공이 더 확장된다. 이를 활용해 상대방의 속마음을 알 수 있다. 무엇인가에 대해 모른다고 말했는데 동공이 확장된다면 알고 있었을 가능성이 높다.

동공의 변화는 지적 활동과도 연관이 있다. 계산하는 등 머리를 쓸 때 동공이 커진다. 더 복잡한 계산을 할 때 동공이 더 커진다. 반면, 지능이 높은 사람일수록 동공의 변화가 작다. 동일한 계산을 할 때 보통 사람들의 동공이 20퍼센트 정도 커진다면 계산을 쉽게 할 수 있는 사람은 10퍼센트 정도 커진다고 한다. 상대방의 지능에 따라 동공의 변화를 읽기가 더 어려울 수도 있다는 것을 기억해야 한다.

keyword

동공의 변화는 눈에 확연하게 보이지 않아서 측정이 어렵다. 눈동자 색이 어두우면 더욱 어렵다. 하지만 그렇다고 동공의 변화를 느낄 수 없는 것은 아니다. 어떤 상황에서 상대방의 눈빛이 갑자기 선명해지는 것을 느낀 적이 있을 것이다. 동공의 변화로 눈빛이 선명해졌을 가능성이 높다. 서로를 바라보는 연인의 눈은 빛이 난다. 그들은 서로의 눈을 보며 본능적으로 동공이 커지는지 살핀다. 상대방의 속마음을 읽으려면 동공의 변화에 관심을 갖는 것이 필요하다. 관심을 갖고 상대의 눈을 보면 '반짝'하는 변화의 순간을 느낄 수 있을 것이다.

중요한 것은 머리를 끄덕이는 '속도'

#동의 #자기긍정
#듣는태도 #행복한부부

행사 유치를 위해 프레젠테이션을 할 때였다. 유사한 행사 경험이 많았고, 그 행사에 대한 좋은 아이디어도 많았기 때문에 내심 기대하고 있었다. 발표하는 중 심사 위원 몇 명이 나와 시선을 맞추고 머리를 끄덕이기도 했다. 발표 시간이 절반 정도 지났을까? 한 심사 위원이 머리를 끄덕이는 것이 신경 쓰이기 시작했다. 시간이 지나면서 끄덕이는 정도가 과장되었다고 느껴졌다. 결국 그 사람을 신경 쓰다가 흐지부지 발표를 끝냈다. 그 심사 위원이 머리를 끄덕인 것은 무슨 의미였을까?

　　일반적으로 머리를 끄덕이는 것은 인정과 동의를 나타낸다. 대화 중에 머리를 끄덕이면 대화 내용에 대해 서로의 생각이 통한다는 뜻으로 받아들여지기 때문에 자연스럽게 신뢰감을 형성할 수 있다. 이 몸짓이 머리를 숙여 복종하는 인사법에서 비롯되었다는 학설과 가볍게 머리를 움직이는 파충류의 습관에서 시작되었다는 학설이 있다. 기원이 어떻든 머리를 끄덕이는 것은 기본적으로 긍정적인 신호이다.

　　한 실험에서 강의를 듣는 학생들에게 교수의 움직임에 따라 다른 태도를 보이라고 했다. 학생들은 교수가 강의실 왼쪽으로 가면 머리를 끄덕이며 미소를 지었고, 교수가 오른쪽으로 가면 아무런 반응을 보이지 않았다. 수업이 끝날 때, 교수는 강의실 왼쪽에 고정되어 있었다. 학생들의 긍정적인 태도에 교수는 무의식적으로 반응했다.

　　머리를 끄덕이는 것은 의사소통에서 매우 중요하다. 대화할 때 상대방에게 아무런 반응이 없어서 답답하다면 상대방이 머리를 끄덕이지 않기 때문이다. 강연이나 발표에서 청중이 머리를 끄덕이는 것은 강연자에게 매우 중요한 신호다. 강연 내용이 원활하게 전달되고 있다는 의미이기 때문이다.

머리를 끄덕이는 것은 긍정의 신호

　　혼자 있을 때도 머리를 끄덕이는 것은 긍정적인 효

과가 있다. 연구에 따르면 혼자 있을 때 머리를 끄덕이면 생각하고 있는 문제에 자신감이 생긴다고 한다. 골치 아픈 문제가 있다면 잘 해결해낼 수 있다고 생각하며 머리를 끄덕여보자.

암스테르담자유대학에서 머리 끄덕이기에 관련된 실험을 했다. 학생들에게 8분짜리 영화를 보여주고 내용을 설명하게 했다. 학생의 이야기를 듣는 사람은 머리를 끄덕이며 미소를 짓기도 하고, 기분 나빠 하거나 아무런 반응을 하지 않기도 했다. 긍정적인 반응을 받은 학생들은 영화 내용을 상세하게 설명했다. 등장인물의 생각과 감정까지도 설명하려 했다. 반면 부정적인 태도로 이야기를 들은 사람들에게는 객관적인 사실만 설명했다.

듣는 사람의 태도에 따라 말하는 내용이 바뀐다. 듣는 사람이 부정적인 태도를 보이거나 반응이 없으면 말하는 사람은 위축된다. 위험 부담을 최소화해서 명확한 사실만 말하려고 한다. 조직의 리더라면 이 점을 분명히 기억해야 한다. 팀원이 말할 때 머리를 끄덕이기만 해도 보고 내용이 달라질 수 있다. 팀원에게 더 창의적이고 다각적인 사고를 원한다면 듣는 태도를 바꾸어보자.

머리를 끄덕이는 것은 일에만 효과가 있는 것이 아니다. 한 발달심리학자는 부부가 비언어적 의사소통을 많이 할수록 행복하다고 밝혔다. 행복한 부부는 대화할 때 시선을 맞추고 머리를 끄덕이면서 경청한다고 한다. 사람들은 더 행복하려고 결혼하지만, 막상 결혼하고 나면 일과 양육 등에 떠밀려 부부의 행복은 등한시한다. 굳이 둘만의 시간을 따로 만들려고 하지 않아도 된다. 저녁 식사할 때 대화하면서 서로에게 시선을 맞추고 머리를 끄덕이자. 서로의 이야기에 귀를 기울이자. 잠시 잊었던 행복을 다시 느낄 수 있을 것이다.

'빠르게' 끄덕이면 이야기를 끝내라는 신호

머리를 끄덕이는 것이 항상 동의를 뜻하는 것은 아니다. 머리를 천천히 끄덕이는 것은 상대방의 말을 흥미롭게 듣고 있다는 의미다. 하지만 머리를 빠르게 끄덕이는 것은 상대방이 말을 빨리 끝내기를 바라는 마음에서 나오는 행동이다. 대화 상대가 입술을 모으거나 손가락을 입에 대면서 머리를 빠르게 끄덕이면 재빨리 말할 기회를 주어야 한다. 이제 내가 말하고 싶다는 신호다.

남성과 여성은 머리를 끄덕이는 데도 차이가 있다. 연구에 의하면 여성이 남성보다 자주 머리를 끄덕이는 경향이 있다. 여성이 머리를 끄덕인다고 전적으로 동의를 뜻하는 것은 아니다. 동의하든 하지 않든 상대방의 말을 듣고 있다는 의미로 머리를 끄덕인다. 반면 남성은 상대방의 말에 전적으로 동의할 때만 머리를 끄덕인다.

일본을 여행할 때면 일본인의 머리 끄덕임에 당황하곤 한다. 한국인은 보통 머리를 한 번에 2~3회 끄덕이는데, 일본인은 이보다 2배가량 많이 끄덕인다. 일본인은 머리를 끄덕이는 것이 상대방에 대한 예의라고 생각한다. 일본인은 자신의 말이 끝난 다음에도 머리를 끄덕이며 자기긍정을 표현하기도 한다.

상대방이 머리를 끄덕인다고 해서 동의하고 있다고 선뜻 해석해서는 안 된다. 끄덕이는 속도에 따라, 성별에 따라, 문화에 따라 다른 의미일 수 있다. 상대방이 머리를 계속 끄덕인다고 신나서 혼자 계속 떠드는 눈치 없는 사람은 되지 않아야 한다.

keyword

내가 프레젠테이션할 때 머리를 지나치게 끄덕였던 심사 위원은 내 발표가 빨리 끝나기를 바랐다. 결론적으로 나는 그 행사 유치에 고배를 마셨다. 당시에는 그 부정적인 신호를 읽지 못했지만 지금이라면 그 심사 위원에게 이렇게 질문했을 것이다. "혹시 어떤 점이 우려되세요?" 또는 "궁금한 점 있으세요?"라고. 몸짓언어로 상대방의 마음을 읽고 중요한 타이밍을 놓치지 않아야 한다. 상대방이 머리를 끄덕이며 내 의견에 동의할 때, 상대방이 머리를 빠르게 끄덕이며 말을 마치기를 원할 때, 상대방이 머리를 좌우로 흔들며 부정적인 의미를 드러낼 때 그 신호를 놓치지 않고 자신에게 유리하게 대화 방향을 전환해야 한다.

모든 미소가 진짜는 아니다

#진실은ㄴ눈가주름 #엄마미소 #사교적 #매력적 #행복 #성공 #타이밍의고수

남자가 한 여자를 만났다. 처음 만나는 자리다. 여자는 남자를 향해 미소 짓고 있다. 미소 짓는 여자에게 남자는 마음을 활짝 열고 대화한다. 자신의 이야기에 머리를 끄덕이며 미소로 답하는 그녀가 마음에 쏙 들었다. 함께하는 시간이 어떻게 흘렀는지 모르겠다. 다음 데이트가 기대된다.

-그 남자

여자가 한 남자를 만났다. 처음 만나는 자리라서 예의 있게 대했다. 대화 주제가 지루하다. 여자는 한마디도 하지 않고 가끔 미소 띤 얼굴로 고개를 끄덕인다. 억지로 미소 짓느라 얼굴 근육이 마비될 지경이다. 눈치 없는 남자는 계속 이야기한다. 두 번 다시 만나고 싶지 않다.

-그 여자

같은 만남에서 서로 다른 생각을 하는 남녀의 이야기다. 많은 여성이 경험하는 상황이다. 남성들은 다른 사람 이야기라고 생각할 것이다. 하지만 본인도 비슷한 일이 있었을 가능성이 있다. 만날 때는 대화가 잘 통했는데 헤어진 후 연락이 안 되거나 "좋은 분 만나세요"라는 당황스러운 답변을 들어본 경험이 있을 것이다. 상대 여성의 미소는 예의상 미소였다. 그 미소에 가슴 설렜던 남자들이여! 진짜 미소와 가짜 미소를 구분해보자.

진짜 미소를 지으면 눈가에 주름이 진다

사람들은 반가운 사람을 만나면 환하게 웃는다. 그런데 반갑지 않은 사람을 만나도 미소 짓는다. 물론 환한 미소는 아니다. 반갑지 않은 마음을 숨기는 가짜 미소다. 에크먼 교수는 18가지 형태의 미소를 발견했다. 그중 대부분이 가짜 미소였다.

19세기 초, 프랑스 과학자 뒤셴 드 불로뉴Duchenne de Boulogne가 최초로 미소에 관한 연구를 했다. 전기 진단 검사와 전기 자극을 사용해서 진짜 기쁠 때 짓는 미소와 가짜 미소를 구분했다. 그는 얼굴의 2가지 근육으로 미소가 조절된다는 것을 알아냈다. 진짜 미소를 지을 때는 입꼬리가 위로 올라가면서 눈가에 주름이 생긴다. 눈가를 수축해 주름을 만드는 근육인 안륜근眼輪筋이 진짜 미소의 핵심이다. 가짜 미소를 지을 때는 안륜근이 활동하지 않고 입꼬리만 움직인다. 안륜근은 의식적으로 조절하기 어렵기 때문이다.

진짜 미소는 무의식적인 신호다. 뇌가 즐거움을 느끼면 입과 눈 주변의 근육에 신호를 주어서 움직이게 된다. 입꼬리가 올라가고 뺨이 위로 당겨진다. 눈가에 주름이 잡히면서 눈은 작아지고 눈썹이 처진다. 가짜 미소도 이와 유사하게 지을 수 있으나 눈썹이 처지는 것까지 의식적으로 표현하기란 쉽지 않다. 더불어 진짜 미소를 지을 때는 눈빛이 반짝반짝 빛난다.

자신의 자녀 이야기를 하는 행복한 어머니의 얼굴을 보라. 주체할 수 없는 진짜 미소가 얼굴에 가득하다. 그 표정을 흉내 내는 것은 거의 불가능하다. 간혹 미소가 유달리 매력적인 배우처럼 미소가 잘 훈련된 사람을 볼 수 있다. 쉽지는 않지만 얼굴 근육을 잘 통제하면 진짜 미소와 흡사한 가짜 미소를 지을 수 있다.

모 윌렘스Mo Willems라는 동화 작가는 얼굴을 그릴 때 미소 짓는 입과 슬픈 눈을 그리면 '슬픈 얼굴 그림'이 된다고 했다. 입이 미소 짓는다고 해서 미소 짓는 얼굴이 되지 않는다. 보통 사람은 상대방이 미소 지을 때 주로 입을 본다. 진짜 미소인지 가짜 미소인지 확인하려면 눈 주변을 보아야 한다.

진짜 미소와 가짜 미소를 구분하는 법

메릴랜드대학에서 연구한 결과에 따르면 10개월 된 아이도 진짜 미소와 가짜 미소를 구분해서 지을 수 있다고 한다. 자신에게 관심을 보이는 낯선 사람에게도 미소를 짓지만 가짜 미소를 짓는다고 한다. 진짜 미소는 어머니에게만 짓는다.

다른 연구에 의하면 9세 정도의 어린이는 진짜 미소와 가짜 미소를 구분해낸다고 한다. 성인도 가짜 미소와 진짜 미소를 구분할 수 있지만, 항상 정확한 것은 아니다. 상대방의 미소가 예의상 가짜 미소인지, 진심 어린 미소인지 속마음을 모를 때가 많다. 사실 상대방이 짓는 미소의 의미를 생각조차 하지 않는 경우가 대부분이다.

대학생을 대상으로 진짜 미소와 가짜 미소를 구분하는 실험을 했다. 학생들에게 두 편의 영화를 보여주고 영화가 재미있었다는 표정을 짓게 했다. 한 편은 재미있는 영화였고, 다른 한 편은 재미없고 스트레스를 주는 영화였다. 두 그룹의 표정을 분석한 결과, 재미있는 영화를 본 그룹은 진짜 미소를 지었고, 재미없는 영화를 본 그룹은 가짜 미소를 지었다. 가짜 미소를 지은 이들의 얼굴에서는 슬픔·두려움·분노 같은 부정적인 감정이 발견되었다. 아무리 미소를 지어도 내면에서 느껴지는 부정적인 감정은 얼굴에 드러난다.

진짜 미소와 가짜 미소를 구분하면 상대방의 속마음을 알 수 있다. 중요한 프로젝트를 책임지고 있는 동료가 마감 날짜가 임박한 어느 날 상황 보고를 하면서 미소를 지었다. 미소가 나올 상황이 아닌데 말이다. 자세히 보니 압박감을 감추려는 가짜 미소였다. 그 동료는 도움이 절실히 필요했다. 주변 사람들이 미소 짓고 있다면 무심하게 보지 말자. 사실은 격려와 응원이 필요한 것일 수도 있다. 웃어도 웃는 것이 아닌 날이 종종 있다.

가짜 미소도 필요하다

사람들은 대부분 진짜 미소와 가짜 미소를 굳이 구분하려고 하지 않는다. 자신에게 미소를 지어주면 그저 좋다고 한다. 반갑지 않은 사람을 만났다고 해서 얼굴을 찌그리며 인상을 쓰거나 무표정하게 대하는 것보다는 가짜라도 미소로 대하는 것이 백배 낫다. 이런 미소는 가짜 미소지만 대인 관계에 도움이 되는 '사교적인 미소'다.

업무 관계에서 절로 눈가에 주름이 생기는 진짜 미소를 보이기는 쉽지 않다. 그래서 상대방을 배려하고 상대방에게 관심을 보이는 사교적인 미소가 필요하다. 사교적인 미소는 밝은 분위기를 만들고 상대방에게 긍정적인 인상을 준다.

연구에 따르면, 미소를 잘 짓는 사람이 그렇지 않은 사람보다 사교적이고 매력적이라고 한다. 또한 삶에 대한 만족도가 높고 사회적으로 더 많은 성공을 이룬다고 한다.

표현하지 않아야 할 미소도 있다. 스치듯 지나가는 빠른 미소다. 연구에 의하면, 휙 스쳐 지나가는 빠른 미소는 진실하지 않은 인상을 준다고 한다. 반면 얼굴에 오랫동안 머무는 여유로운 미소는 진실해 보이고 신뢰가 생기고 매력적으로 느낀다고 한다.

주변을 둘러보면 늘 미소를 짓고 있는 사람이 있다. 작은 일에도 행복을 느끼고 긍정적인 사람은 항상 미소 지을 수 있다. 하지만 여기에도 주의가 필요하다. 자칫하면 가벼워 보일 수 있기 때문이다. 대인 관계에서는 진지한 사람이라는 인상을 주는 것도 중요하다. 자신이 항상 미소를 짓는 사람이라면, 적절한 순간에 의식적으로 진지한 표정을 드러내도록 해야 한다.

keyword

미소 속에 담겨 있는 속마음을 읽는 것은 대인 관계에 강력한 무기가 된다. 행복한 속마음을 그대로 드러내는 진짜 미소인지, 불편한 상황을 애써 견디며 예의상 보여주는 가짜 미소인지, 상대방에 대한 배려와 관심을 담은 사교적인 미소인지를 구분해야 한다. 상대방의 미소를 구분해내는 능력이 있는 리더라면 조직 구성원에게 존경받는 공감과 격려의 아이콘이 될 것이다. 데이트에서라면 센스 있는 연인이 될 것이다. 협상의 자리에서는 상대방의 기분 상태에 따라 치고 빠질 수 있는 타이밍의 고수가 될 것이다.

**표정을
읽는 기술**

#감정 #소통 #행복 #기쁨 #슬픔
#마이너스하루 #진짜감정 #가짜감정

이런 상황을 가정해보자. 한 프로젝트를 수주하려고 6개월간 준비했다. 최종 협상을 앞두고 만반의 준비를 마쳤다. 오늘이 바로 최종 결정권자와의 협상 날이다. 이제 무엇을 해야 할까?

　중요한 대화나 협상의 자리에서 가장 먼저 할 일은 상대방의 감정을 파악하는 것이다. 협상에서 최종 합의를 이끈 성공의 요소가 전문 지식인 경우는 10퍼센트가 되지 않는다고 한다. 반면 우호적인 관계나 신뢰 관계 같은 인간적인 요소가 영향을 미친 경우가 50퍼센트 이상이고, 37퍼센트는 절차적인 요소가 결정적인 영향을 미쳤다고 한다.

　감정은 협상을 이끄는 중요한 요소다. 협상의 자리에서 유심히 보아야 할 것은 6개월간 준비한 자료가 아니라 마주 앉아 있는 상대방의 표정이다.

보편적인 7가지 감정 표현

에크먼 교수는 '7가지 보편적 감정 표현'을 밝혀냈다. 행복/기쁨, 슬픔, 놀람, 공포, 분노, 역겨움/혐오, 경멸이다. 이 감정은 전 세계 사람이 유사하게 표현하고 이해한다.

1960년대 에크먼 교수는 서양인과 접촉이 한 번도 없었던 파푸아뉴기니 원주민에게 다양한 표정의 사진을 보여주었다. 기쁨, 슬픔 같은 감정이 담겨 있는 서양인의 사진이었다. 사진을 보여주며 아이를 잃은 사람의 이야기, 오랜만에 좋은 친구와 만나는 사람의 이야기 등 몇 가지 이야기를 들려주고 어울리는 표정을 고르게 했다. 파푸아뉴기니 원주민은 각 이야기에 따라 보편적인 표정을 큰 고민 없이 자연스럽고 빠르게 선택했다.

보편적 감정 표현은 현대 문명과 접촉이 없는 파푸아뉴기니 원주민부터 뉴욕의 바쁜 직장인까지 동일하다. 어린아이부터 성인에 이르기까지 동일하다. 모두 이 표정을 알아보고 그 감정을 이해한다.

행복/기쁨

기쁘거나 행복한 감정을 느낄 때면 입꼬리가 올라가고 뺨이 위로 올라가며 눈가에 주름이 잡히고 눈썹이 내려온다. 이 표정을 미소라고 한다. 모두가 좋아하는 표정은 진심 어린 환한 미소인 '진짜 미소'다.

슬픔

이마에 주름이 잡히고 눈꺼풀이 축 늘어지고 입꼬리가 내려간다. 슬픔은 가장 길게 지속되는 표정이다.

놀람

예상치 못한 일이 닥쳤을 때 느끼는 감정으로 기분 좋게 놀랄 수도 있고 불쾌하게 놀랄 수도 있다. 눈썹이 위로 올라가고 눈이 동그랗게 커지고 입이 벌어진다. 놀람은 가장 빠르게 나타나는 감정이다. 놀란 표정은 1초 미만으로 나타났다가 사라지기도 한다.

공포

두렵거나 무서움을 느낄 때는 양 눈썹이 올라가고 가운데로 모인다. 위아래 눈꺼풀이 빳빳해지고 입술은 벌어지거나 굳게 다문다.

분노

화가 났을 때는 양 눈썹이 내려와서 가운데로 모이고 눈썹 사이에 주름이 생긴다. 눈꺼풀에 힘을 주면서 눈을 찌푸리고 눈빛이 강렬해진다. 입술은 경직되거나 굳게 다문다.

행복/기쁨

슬픔

놀람

공포

분노

역겨움 / 혐오

경멸

역겨움/혐오

코에 주름이 잡히고 눈썹이 내려오고 눈은 작아진다. 입은
오므리거나 살짝 벌리게 되고 얼굴이 전체적으로 찌그러진다.

경멸

경멸은 역겨움/혐오와 비슷하지만 역겨움/혐오만큼 급격하
게 표현되지 않는다. 코에 주름이 잡히고 입은 굳게 다물거나 앞
으로 내민다. 한쪽 입술이 올라가거나 입꼬리만 올라가서 비웃음
처럼 표현되기도 한다.

입꼬리나 눈 모양을 설명하지 않아도 사람들은 이 7가지 보
편적인 표정은 보는 즉시 이해한다. 어렸을 때부터 표현하고 보아
왔기 때문이다. 중요한 것은 진정한 소통을 위해 '표정을 읽는 기
술'을 익히는 것이다. 표정을 읽는 것은 사람의 마음을 읽는 것이
다. 상대방의 속마음을 모르면서 진정한 소통을 할 수 없다.

사람들은 항상 느끼는 그대로 감정을 표현하지는 않는다. 슬
픔을 감추려고, 분노를 덮으려고 가짜 미소를 짓기도 한다. 감정
은 얼굴에 드러내는 것이 쉬운 만큼 쉽게 위장할 수도 있다.

에크먼 교수는 가장 쉽게 읽을 수 있는 표정은 놀람, 공포, 분
노라고 했다. 표정은 감정의 종류와 상황에 따라 쉽게 읽히기도
하고 순식간에 지나가버려서 놓치기도 한다. 또한 사람마다 감정
을 느끼고 표현하는 방식이 다르다.

표정을 읽으려면 표정에 대한 기본 개념과 더불어 다양한 변

수가 있다는 것을 기억해야 한다. 상대방의 감정을 경솔하게 판단해서 오해하고 중요한 관계를 그르치는 일이 없어야 한다.

누구나 표정을 읽는 능력이 있다

누구나 상대방의 감정을 이해하는 것이 중요하다는 것을 알고 있다. 상대방의 감정을 이해하기 위해 무엇을 해야 하는지 모를 뿐이다. 심각한 문제가 발생하기 전까지는 표정을 읽는 기술을 배우고자 하지 않는다.

우리는 매일 누군가와 관계를 맺고, 의사소통을 한다. 상대방의 감정을 읽지 못하면 막대한 손해를 볼 수 있다. 연인과 헤어지거나 가족이 아파 힘든 동료에게 아무렇지도 않게 업무를 독촉할 수도 있고, 상품을 소개하는 자리에서 고객의 깜짝 놀라는 표정을 미처 읽지 못할 수도 있다. 정말 열심히 지낸 하루지만 의사소통 측면에서는 마이너스 하루가 되기도 한다. 의사소통의 마이너스는 대인 관계의 마이너스로, 대인 관계의 마이너스는 비즈니스 성과와 행복의 마이너스로 이어진다.

누구나 표정을 읽는 능력이 있다. 얼마나 개발하느냐에 따라 활용 정도가 달라질 뿐이다. 대부분은 표정을 보고 상대방의 감정을 알아차리지만, 읽어야 할 표정을 놓치고 당황할 때가 종종 있다. 상대방이 표현하고 있는 감정이 무엇인지 몰라서 혼란스러울 때도 있다. 표정에서 상대방의 감정이 느껴지더라도 그게 믿을 만한지 확신이 없을 때도 있다.

238

하지만 표정의 힘은 강력하고 나도 모르게 표정에 따라 반응한다. 한 연구에서 연구진은 사람들에게 행복한 얼굴 사진과 화난 얼굴 사진을 0.004초 동안 보여준 다음 한자를 보여주었다. 실험에 참가한 사람들은 한자를 몰랐다. 실험 결과 행복한 얼굴 사진 다음에 한자를 본 사람들이 화난 얼굴 사진 다음에 한자를 본 사람들보다 한자를 좋아하는 것으로 나타났다.

사람에 따라 감정 표현이 다르다

다른 사람의 감정을 판단하는 일은 간단해 보이지만 한편으로는 복잡하다. 기본 개념이 있지만 예외가 있다. 중요한 것은 상대방의 표정을 보고 그 사람의 감정을 알고자 노력하는 것이다. 상대의 감정에 공감하고 그 감정을 고려해서 상황을 이끌어가려는 노력이 중요하다. 노력이 쌓이면 노하우가 되고 노하우가 쌓이면 기술이 된다.

미국에서 있었던 살인 사건 공판에 관한 이야기다. 배심원들이 모여 살해당한 희생자의 사진을 보고 있었다. 말 그대로 끔찍한 모습이었다. 모두 그 사진에 집중하고 있던 때 배심원 중 한 남자가 무표정한 얼굴로 고개를 돌렸다. 마치 그 사진에 관심이 없는 듯 보였다. 희생자 측은 그 배심원으로 인해 재판이 순조롭지 않겠다고 우려했다. 그러나 배심원단의 만장일치로 유죄 평결이 났다. 나중에 확인해보니 그 남자가 보인 표정은 무관심이 아닌 불쾌감이었다. 그는 희생자의 사진을 도저히 볼 수가 없었다고 한다.

이 이야기는 보편적 감정이어도 예외적으로 표현될 수 있음을 보여준다. 그 배심원은 불쾌감을 느낄 때 불쾌한 표정이 아닌 무표정으로 표현했다. 사람에 따라 감정을 느끼는 대로 표현하지 않을 수 있다.

또 한 가지 중요한 점은 표정에서 감정을 읽으면서 원인까지 추측하면 안 된다는 것이다. 사람들은 상대방의 감정을 읽으면 자동으로 원인을 추측하게 된다. 아주 예리하고 통찰력 있어서 상황 파악이 빠른 사람도 사실과 다르게 추측할 때가 많다. 잘못된 추측으로 인해 돌이킬 수 없는 불상사가 생기지 않도록 하자.

거짓된 감정 표현을 구분하는 5가지 방법

표정을 읽으려면 진실한 감정 표현과 거짓 감정 표현을 구분할 수 있어야 한다. 상대방이 고의로 거짓된 감정을 표현하거나 감정을 전혀 드러내지 않으면 진실을 알기 어렵다. 연기력이 뛰어난 배우뿐 아니라 대부분의 사람이 선의든 악의든 거짓된 감정 표현을 한다.

거짓된 감정 표현을 포착하는 5가지 방법을 소개한다. 첫 번째는 거짓된 감정을 표현할 때는 근육의 일부만 사용한다는 점이다. 입만 웃는 가짜 미소가 대표적이다. 감정의 종류와 개인에 따라 차이가 있지만 사람들은 감정을 조작할 때 얼굴 아랫부분보다는 눈썹과 이마를 움직이는 경향이 있다.

두 번째는 진실한 감정의 표현은 얼굴 양쪽의 근육이 같이 움직여서 표정이 대칭 되는 반면, 의식적으로 꾸민 표정을 지을 때는 얼굴이 비대칭이 된다는 점이다. 얼굴 양쪽에 드러난 표정이 같아도 한쪽에서 감정이 더 두드러지게 나타난다.

세 번째는 표정의 지속 시간이다. 진짜 감정이 표현되는 시간은 짧다. 진짜로 화난 표정이 1.3초보다 짧아야 한다거나 길어도 7초를 넘을 수 없다고 단정할 수는 없다. 에크먼 교수는 타이밍은 사회적 맥락에 달려 있지만 5초 이상 지속되는 표정은 과장되거나 거짓된 감정 표현일 가능성이 높다고 했다.

네 번째는 언어 표현과 표정의 타이밍이다. 진실한 감정 표현은 언어 표현보다 앞서거나 동시에 나타난다. 예를 들어 화가 났다는 말 다음에 화난 표정이 드러났다면 그 표정은 일부러 꾸며낸 것이다. 말을 하면서 화를 어떻게 표현할지 생각하느라 시간차가 발생하는 것이다.

다섯 번째는 미세 표정이다. 표정은 대부분 1초 이상 지속된다. 1초 미만으로 지속되는 표정을 미세 표정이라고 한다. 진짜 감정을 숨기려고 얼굴 근육이 움직이면서 미세 표정은 빠르게 사라진다. 예를 들어 두려움을 느끼면 얼굴에 두려운 표정이 나타나기 시작하는데 이때 얼굴의 다른 근육을 움직여서 두려운 표정을 숨긴다. 미세 표정 뒤에 나타나는 표정은 꾸며진 표정일 가능성이 높다.

사람들은 말보다 표정을 믿는 경향이 있다. 상대방의 표정을 보고 거짓말을 눈치챈 경험이 있을 것이다. 상대방의 거짓된 표정에 속은 경험도 있을 것이다. 사람들은 표정을 보고 그 사람의 성격을 판단하기도 한다. 미소를 짓는 사람은 친절한 사람이라고 생각하고 무표정한 사람은 냉정하고 이기적이라고 생각한다. 물론 표정과 현실은 다를 수 있다. 미소 지으면서 온갖 나쁜 짓을 하고 다니다가 뉴스에 나오면 이웃 사람들은 증언한다. "그 사람이 그럴 줄은 몰랐어요. 늘 웃고 다니고 인사성도 밝았어요."

거짓된 감정 표현을 하는 이유

거짓된 감정 표현의 또 다른 현상은 '문화적 디스플레이 룰'에 의해 나타난다. 어떤 감정을 어떻게 드러내야 하는지 정해놓은 사회적 관습이다. 예를 들어 남자아이에게 "남자는 울면 안돼"라고 하는 것이다. 어릴 때부터 이런 말을 듣기 때문에 남성은 슬픔을 눈물로 표현하는 것을 부끄럽게 여긴다. 옳고 그름을 스스로 판단하지 못한 채 고정관념을 갖게 되기 때문에 감정 표현을 통제하게 된다.

거짓된 감정 표현을 잘 하는 사람에게 적합한 직업도 있다. 배우, 외교관, 정치인, 영업 사원, 판매 사원 등은 자신의 감정과 상관없이 비즈니스에 필요한 감정을 표현한다.

거짓된 감정 표현일지라도 선한 의도라면 애써 구분하지 않아도 된다. 거짓된 감정 표현을 구분해야 하는 이유는 불이익을 피하기 위해서다. 진실한 감정 표현과 거짓된 감정 표현을 구분해서 관찰하는 연습을 해야 한다. 직업적으로 잘 훈련된 사람이라 할지라도 그들의 거짓된 감정 표현을 구분하게 될 것이다.

keyword

표정은 전 세계인이 유사하게 표현하는 만국 공통의 몸짓언어고, 우리에게는 표정 읽는 기술이 잠재되어 있다. 상대방의 표정을 읽는 것도 중요하지만 자신의 감정을 잘 표현하는 것도 중요하다. 표정이 풍부한 사람은 매력적이고 사람들에게 호감을 산다. 먼저 내 얼굴 근육을 풀자. 상대방의 얼굴 근육도 풀릴 것이다.

진심은 미세 표정에 담겨 있다

#스치는표정 #진심
#눈치있는직원 #눈치있는기업

헤어스타일을 바꾸려고 미용실에 갔다가 기분이 상할 때가 있다. 헤어스타일이 마음에 들지 않기 때문이다. 돈 쓰고 시간 쓰고 기분 나빠지는 웃지 못할 상황인데 헤어 디자이너는 마음에 드는지 물어본다. 마지못해 괜찮다고 대답하지만 속으로는 '내 표정을 보면 모르나'라고 말한다.

불만족한 감정을 드러내지 않지만 그 미용실을 다시 찾지 않는다. 그래서 서비스업에 종사하는 사람은 스쳐 지나가는 고객의 표정을 잘 읽어야 한다. 고객의 불만족을 눈치채고 빠르게 대처하는 것이 고객을 확보하는 지름길이다.

미세 표정은 잠시 나타났다 사라지는 표정이다. 미세 표정은 1초 미만으로 지속된다. 0.04~0.2초 사이에 나타났다 사라진다. 정말 짧은 시간 동안 나타나기 때문에 인위적으로 조작하는 것이 불가능하다. 짧은 순간 스쳐가는 미세 표정에 진심이 숨어 있다. 너무 짧은 시간이라 놓치기 쉽다. 인지하기가 쉽지 않지만 불가능한 것은 아니다.

미세 표정은 자신을 속일 때도 나타난다. 자신의 속마음을 인지하지 못할 때 미세 표정으로 나타나기도 한다. 탁월하게 표정을 숨기는 사람은 미세 표정을 드러내지 않기도 한다. 이제 막 몸짓언어에 관심을 갖기 시작했다면 이 모든 상황을 고려하면서 대화하는 것은 어려울 수 있다.

기억해야 할 것은 잠시 나타났다가 사라지는 표정을 보았다면 그것이 상대방의 진심이라는 것이다. 지금부터 해야 할 일은 미세 표정을 읽는 데 관심을 갖는 것이다.

중요한 표정을 놓치는 이유

한 마술사가 있었다. 그 마술사는 속임수를 쓰는 순간 입꼬리를 올리며 아주 옅은 미소를 지었다. 사람들은 그 미소를 몰랐다. 본인도 몰랐을 것이다. 단 한 사람, 마술사의 동생은 알고 있었다. 아주 짧은 시간이고 거의 알아보기 어려운 옅은 미소였지만 동생은 그 표정을 분명히 알아보았다. 동생이 그 미소를 발견할 수 있었던 이유는 형이 마술을 하는 동안 형의 얼굴을 보고 있었기 때문이다.

다른 사람들은 마술사의 동작에만 집중했기 때문에 속임수를 쓸 때 마술사의 얼굴을 보지 않았다. 표정을 보지 않기 때문에 속임수를 쓰는 순간을 알아차릴 수 없었다. 숙련된 마술사도 표정은 숨길 수 없지만, 사람들은 표정을 살필 생각을 하지 못했다.

중요한 표정을 놓치는 이유는 상대방의 얼굴을 보지 않기 때문이다. 영업 담당자가 VIP 고객에게 새로운 상품을 설명하는데 고객은 "괜찮은 것 같다"고 말한다. 그 말을 하기 전 이마를 살짝 찌푸렸는데 영업 담당자는 그 표정을 미처 보지 못했다. 말만 믿고 고객이 상품에 만족한다고 생각했지만 이후 고객은 상품을 구매할 의사가 없다고 한다. 고객이 거절 의사를 밝힌 뒤에는 돌이키기 어렵다. 만약 영업 담당자가 상품을 설명하는 자리에서 그 표정을 발견했더라면 이마를 찌푸린 원인을 파악해볼 수 있었을 것이다. 마음에 안 드는 점이 있는지 물어보고 그에 대한 설명을 할 수 있었을 것이다. 고객의 결정을 바꿀 기회를 잡을 수도 있었다.

오랫동안 지속되는 표정은 과장된 것이거나 거짓일 가능성이 높다. 이런 표정은 오래 지속되기 때문에 읽기 쉽다. 놓치지 않아야 할 중요한 표정은 미세 표정이다. 상대방의 속마음이 궁금하다면 스치듯 지나가는 미세 표정을 읽어야 한다. 상대방이 스스로도 모르고 지나간 그 순간을 발견하는 자신을 보면서 희열을 느껴보자. 왠지 모를 뿌듯함이 온몸을 감쌀 것이다. 미세 표정을 감지하는 경지에 오른 것이다.

keyword

몸짓언어 이해 능력이 뛰어난 직원을 보유하는 것은 기업의 비즈니스 성패를 좌우한다. 고객의 속마음을 눈치채지 못하는 직원이 판매 성과나 서비스 만족도를 높이기는 어렵다. 고객에게 직접 서비스를 제공하는 직원은 기업의 얼굴이다. 눈치 있는 기업이 되려면 눈치 있는 직원을 고용해야 한다. 눈치 있는 기업이 친절한 서비스를 할 때 효과가 극대화된다.

아주 짧은 순간 스쳐 지나가는 미세 표정을 발견하려고 노력해야 한다. 고객의 얼굴에서, 아내나 남편의 얼굴에서, 동료의 얼굴에서 미세 표정을 발견하는 순간, 바로 그때가 상황을 바꿀 수 있는 기회다.

기만의 신호
놓치지 않는 법

#거짓말 #뒤통수조심 #회피
#속임수 #매력어필 #불신 #기만

매사추세츠대학의 로버트 펠드먼Robert Feldman 교수는 121쌍을 대상으로 거짓말과 관련된 실험을 했다. 10분 동안 일상적인 대화를 하게 한 뒤, 자신의 대화 모습이 담긴 동영상을 보고 거짓말을 가려내도록 했다. 그중 62퍼센트가 평균 2~3회 거짓말을 한 것으로 밝혀졌다. 상대방이 마음에 안 들지만 마음에 든다고 하거나 직업을 속이는 등 다양한 거짓말을 했다.

사람들은 누군가의 거짓말에 속기도 하고, 누군가에게 거짓말을 하기도 한다. 자신의 이득을 위해 거짓말을 하기도 하고 상대방의 기분을 고려해서 거짓말을 하기도 한다. 일명 '하얀 거짓말'이라고 하는 선의의 거짓말은 대인 관계에 필요하기도 하다.

문제가 되는 것은 악의적인 거짓말이다. 눈 뜨고 코 베이는 세상을 살아가려면 악의적인 거짓말을 구분해야 한다. 거짓말을 드러내는 손짓을 읽을 수 있다면 유용할 것이다.

손으로 눈을 가린다면: 불쾌함이나 회피의 신호

영화를 보는데 무서운 장면이 나오면 손으로 눈을 가린다. 머리를 돌려서 눈을 피하기도 한다. 사람들은 보고 싶지 않은 것이 있으면 눈을 가린다.

손으로 눈을 가리는 것은 불쾌함이나 회피를 의미한다. 두려움이나 공포를 피하려고 눈을 가리기도 하고 거짓말을 하거나 속마음을 드러내고 싶지 않을 때도 눈을 가린다.

손으로 양 눈을 가리는 동작은 변형되어 나타나기도 한다. 손으로 한쪽 눈을 비비기도 하고 여성은 화장이 지워지지 않도록 속눈썹이나 눈 끝을 살짝 건드리기도 한다. 하지만 눈을 만진다고 모두 거짓말을 하는 것은 아니다. 눈이 가렵거나 불편해서 그럴 수도 있다.

중요한 대화를 하는 중 눈을 가리거나 눈을 만지는 것을 보았다면 그때부터 주시해서 관찰해야 한다. 상대방이 거짓말 신호를 드러냈는데도 놓치는 것은 안타까운 일이다.

손으로 코를 만진다면: 속임수를 조심하시오

거짓말을 하거나 불편할 때 손으로 코를 만진다. 사람은 긴장하면 몸의 조직이 팽창한다. 코의 모세혈관도 확장되어 가렵게 느껴진다. 그래서 무의식적으로 코를 만지는 것이다. 이런 현상을 '피노키오 효과'라고 부른다.

사람들은 대화 중에 상대방이 코를 만지면 무심하게 지나간다. 코가 가려워서 그런다고 생각하기 때문이다. 손으로 코를 만지는 것은 속임수와 관련 있다. 상대방의 말이 거짓말이라고 의심하거나, 상대방이 내 말을 거짓말이라고 의심할까 봐 걱정할 때도 코를 만진다.

상대방이 코를 만진다고 해서 성급하게 속임수를 쓴다고 결론 내리지 않아야 한다. 화가 날 때도 코를 만지고 그저 코가 가려울 수도 있다. 불안할 때는 코를 문지른다고 한다.

상대방이 거짓말을 드러내는 손짓을 한다면 다른 신호를 함께 살펴보아야 한다. 몸의 방향이 대화하고 있는 사람에게 향하지 않고 문을 향해 있는지, 손을 테이블 아래로 숨기는지, 시선을 회피하거나 지나치게 마주치려고 애쓰고 있는지 살펴보아야 한다. 거짓말을 드러내는 다른 신호를 찾았다면 그때는 확신해도 좋다.

손으로 입을 가린다면: 높은 확률로 거짓말

대화할 때 손으로 입을 가리면 거짓말을 하고 있을 확률이 높다. 이성에게 매력적으로 보이려고, 또는 놀랐거나 부끄러울 때도 손으로 입을 가리거나 만질 수 있다. 거짓말을 하고 있지 않더라도 속마음을 숨기고 싶을 때도 입을 가린다.

어린아이들은 거짓말을 할 때 한 손이나 양손으로 입을 가린다. 거짓말을 막으려는 무의식적인 행동이다. 성인이 되면 자연스럽게 입을 가리거나 살짝 건드리는 것으로 바뀐다. 입 대신 코를 문지르기도 한다.

사람들은 남에게 잘 보이려고 자신을 실제보다 조금 더 낫게 포장하기도 한다. 남녀 간의 첫 만남에서 멋지게 보이려고 자신을 과장하는 것은 흔하게 볼 수 있다. 남성이 자신의 키를 2센티미터 더 크게 말하는 정도는 귀엽게 보아줄 수 있다. 처음 만난 남성이 입을 만지면서 키를 이야기하면 살짝 미소를 보내면 된다. 굳이 키가 더 작지 않느냐고 드러낼 필요는 없다.

습관적으로 입을 가리고 말하는 사람이 의외로 많다. 말할 때 습관적으로 입을 가리면 신뢰감을 줄 수 없다. 대인 관계에 조금도 득이 될 것 없는 습관이니 고치도록 노력해야 한다.

손으로 귀를 만진다면: 듣고 싶지 않다는 신호

대화하는 중 상대방이 귀를 만진다면 더는 듣고 싶지 않다는 의미다. 상대방의 말이 재미없고 지루해서 일 수도 있고 상대방의 말을 믿지 않아서 일 수도 있다. 귀를 만지는 것은 속마음을 드러내는 무의식적인 행동이다. 상대방이 대화 중에 귀를 만진다면 대화 주제를 바꾸거나 어떤 내용이 문제인지 파악해야 한다.

어린아이들은 잔소리가 듣기 싫을 때 양손으로 귀를 막는다. 성인은 감정이 격해져서 듣기 싫다고 소리 지를 때가 아니라면 양손으로 귀를 막지는 않는다. 귓불이나 귓바퀴를 만진다. 여성은 귀걸이를 만지기도 한다.

입에 손을 대는 것과 마찬가지로 습관적으로 귀를 만지면 신뢰감을 줄 수 없다. 사람들은 보는 것을 믿는다. 실제로는 진실한 사람인데 오해를 받으면 억울하다.

대화하면서 귀를 파는 사람을 볼 수 있다. 대화 상대가 이런 행동을 하면 매우 불쾌하다. 귀를 만지는 것은 기본적으로 긍정적인 의미가 아니다. 무엇보다 귀를 파는 것은 무례한 행동이다. 그런 몸짓이 드러나지 않도록 노력해야 한다.

회의나 프레젠테이션을 진행할 때 손으로 눈·코·입·귀를 만지는 사람이 있는지 잘 지켜보자. 이 신호가 보인다면 그 사람에게 의견을 말할 기회를 주는 것도 좋다. "혹시 우려하는 부분이 있나요? 무엇인지 말씀해주시겠습니까?"라고 물어보자. 일상생활 중에도 상대방에게서 불신의 신호를 발견하면 문제를 그 자리에서 드러내는 것이 좋다. 작은 불씨 하나가 초가삼간을 태운다고 한다. 불만과 불신이 더 큰 문제가 되어 돌아올 수 있다. 의사소통의 골든 타임은 신호를 발견한 그 시점이다.

keyword

미국 초대 대통령 조지 워싱턴은 몸짓언어를 중요하게 여겼다. 워싱턴은 다른 사람과 함께 있을 때 몸에 손을 대지 말라고 강조했다. 대화하면서 눈·코·입·귀 어디에 손을 대더라도 이것은 기만의 신호다. 대화 중에 기만의 신호를 드러내어 신뢰할 수 없다는 인상을 주지 않도록 해야 한다. 상대방에게서 이 신호를 발견한다면 피해를 보지 않도록 주의를 기울여야 한다. 한 가지 신호를 발견하고 섣불리 판단하지 않도록 주의하자. 맥락을 고려하고 몸짓을 묶어서 보아야 한다. 습관적으로 하는 몸짓은 아닌지 평상시 모습과 비교하고, 변화의 순간을 감지해야 한다. 눈을 제대로 뜨고 소중한 코가 베이지 않도록 지키자.

발은 감정을 숨기지 못한다

#호감 #마음의방향 #끼어도되는자리
#대화의매너 #기쁨 #행복 #거짓말

비언어 커뮤니케이션 전문가이자 행동 분석 전문가 조 내버로는 FBI에서 25년간 지능 범죄와 테러 수사관으로 활동했다. 동료들은 사람의 속마음을 읽는 능력이 탁월한 그를 '인간 거짓말탐지기'라고 불렀다고 한다. 내버로는 상대방의 속마음을 알고 싶다면 발, 손 그리고 얼굴을 살펴보라고 한다. 그리고 그중에서 발이 가장 정직하다고 한다.

발의 방향은 호감의 방향을 의미한다

한 남자와 여자가 처음 만나는 자리다. 둘은 미소를

254

왼쪽 사람과 가운데 사람이 대화하고 있을 때, 오른쪽 사람이 끼어들려고 하는 상황이다. 가운데 사람의 발 모양에 주의하자. 왼쪽 그림은 '배척하는 발', 오른쪽 그림은 '환영하는 발'이다.

지으면서 대화하고 있다. 언뜻 보면 서로 호감이 있는 것으로 보인다. 그런데 남자의 발이 문 쪽을 향하고 있다. 남자는 그 자리를 떠나고 싶은 것이다. 발의 방향은 진심을 드러낸다.

다리를 꼬고 있을 때도 발의 방향은 속마음을 그대로 드러낸다. 위에 올린 다리의 발의 방향이 그 사람의 마음을 알려준다. 발이 상대방을 향하고 있다면 호감이 있다는 신호다. 만약 발이 문을 향하고 있다면 상대방에게 관심이 없다는 의미다. 상대방이 호감을 보였다고 생각했는데 헤어진 후 연락이 없다면 상대방의 발이 어느 방향을 향했었는지 되짚어보자.

칵테일파티에 초대받았다고 가정해보자. 사람들은 삼삼오오 모여서 대화하고 있다. 칵테일 한 잔을 들고 어느 대화에 끼어들지 고민한다. 괜히 끼어들었다가 어울리지 못하고 어색해질까 걱정도 된다. 이럴 때는 사람들의 발을 관찰하자. 대화하고 있는 사람들이 발은 그대로 두고 몸의 방향만 새로운 사람을 향한다면 새로운 사람이 대화에 끼어드는 것을 원하지 않는 것이다. 몸의 방향과 함께 발의 방향도 새로운 사람을 향한다면 진심으로 환영한다는 의미다. 발의 신호를 읽을 수 있게 되면 파티나 모임을 한층 더 즐기게 될 것이다. 사람들과 즐겁게 대화하려면 '끼어도 되는 자리'를 구분하는 센스가 필요하다.

직장에서도 마찬가지다. 동료 두 사람이 마주 보고 대화하고 있다고 하자. 몸의 방향과 발의 방향이 서로를 향하고 있다면 그 대화에는 끼지 않는 것이 좋다. 지극히 사적인 대화를 하는데 다른 사람이 눈치 없이 끼어들면 답답하다. 그런 사람이 되지 않도록 하자.

뛸 듯이 기뻐하는 발

사람들은 대학 합격, 취직, 임신 같은 기쁜 소식을 가까운 사람에게 전할 때 발을 동동 구른다. 이런 발을 '뛸 듯이 기뻐하는 발' 또는 '행복한 발'이라고 하는데 행복하고 기쁜 마음을 표현한다.

'행복한 발'은 포커 선수에게서도 볼 수 있다. 자신의 패가 좋으면 발을 들썩이고 가볍게 움직이면서 좋은 기분을 드러낸다. 상대방에게서 이런 신호를 읽으면 게임을 포기하는 것이 좋다.

'포커페이스'는 보여주지만 '포커 피트'는 하지 못하는 선수가 많다. 무표정한 얼굴은 유지할 수 있지만 발은 기분이 그대로 드러나는 것이다. 포커 선수가 상대방 발의 신호를 읽을 수 있다면 게임을 이기는 데 도움이 될 것이다.

꼼지락거리는 발은 거짓말의 신호

사람들은 거짓말을 하거나 조바심이 날 때 발의 움직임이 많아진다. 발을 어수선하게 움직이거나 발가락을 꼼지락거리기도 하고, 다리를 쭉 폈다가 오므리기도 한다. 의자에 발을 휘감기도 하고, 발목을 포개기도 한다. 발목을 포개는 것은 감정을 억제하려는 움직임으로, 불안하거나 자신감이 없을 때 주로 드러난다. 병원 진료실 앞에서 대기하는 사람들에게서 자주 볼 수 있는 자세다.

어느 기업 회장의 인터뷰를 보았는데, 온화하고 자신감 넘치는 카리스마가 인상적이었다. 회장은 대답하기 곤란한 질문에도 편안하게 답하며 리더의 면모를 보여주었다. 그러나 곤란한 질문을 받자 그의 발이 요동을 쳤다. 불안하고 불편한 속마음이 그대로 드러났다. 다행히 대부분은 그의 발을 보지 못했다. 사람들은 얼굴에서 상대방의 감정을 읽으려고 하기 때문이다.

keyword

발의 움직임으로 상대방의 행복한 감정, 거짓말, 조바심을 읽을 수 있다. 발의 움직임은 무의식적으로 나타난다. 중요한 상황에 상대방의 발이 드러내는 속마음을 놓치지 않아야 한다.

속마음을 읽는 기술

대화하면서 표정을 살피기도 바쁜데 발까지 살펴볼 여유가 있나고 할 수도 있지만, 몸짓을 읽는 연습을 꾸준히 하다 보면 충분히 가능하다. 몸 전체가 한눈에 들어오는 날이 있을 것이다.

다리의
움직임을 읽어라

#대화를 끝내요
#초조함 #불편함

고객사 담당자와 VIP 초청 행사 준비 회의를 했다. 행사 내용에 대한 논의를 끝내고 행사와 관련 없는 가벼운 대화를 하면서 회의를 마무리하려고 했다. 그런데 마무리 대화가 길어졌다. 회의를 시작한 지 2시간이 다 되어가는 상황이었다. 나는 테이블 위로는 여전히 바르게 앉아 있었고 시선은 상대방에게 고정되어 있었으며 입은 미소를 짓고 있었다. 하지만 테이블 아래 다리는 의자에서 반 이상 빠져나와 있었다. 나도 모르게 다리가 먼저 그 자리를 마무리하고 있었던 것이다.

대화를 끝내고 싶다는 의미

의자에서 일어나려는 듯한 자세는 상체가 앞으로 기울어지고 한 다리는 앞쪽에, 한 다리는 뒤쪽에 위치한다. 이 자세는 2가지 의미가 있다. 하나는 상대방의 이야기가 매우 흥미롭다는 의미다. 상대방의 이야기에 빠져들어서 자연스럽게 몸이 앞으로 쏠리는 것이다. 다른 하나는 대화를 끝내고 자리를 뜨고 싶다는 의미다. 상대방이 대화의 주도권을 잡고 있을 때는 일어나고 싶어도 선뜻 일어나지 못한다. 어쩔 수 없이 앉아 있지만 사실은 일어나고 싶을 때 이런 자세를 취하게 된다.

대화 도중 상대방이 일어나려는 듯한 자세를 취하면 대화 내용이 흥미로워서인지, 마무리하고 싶어서인지 빠르게 판단해야

일어나려는 다리의 자세.

한다. 테이블 아래를 볼 수 없는 상황이라면 상체의 움직임만으로 파악이 어려울 수 있다. 하지만 주의 깊게 상대방을 본다면 신호를 놓치지 않을 것이다. 중요한 것은 상대방의 몸짓언어를 이해하려는 마음가짐이다.

초조하면 다리를 떨게 된다

다리의 움직임 중 가장 흔히 볼 수 있는 것은 다리를 떠는 것이다. 어렸을 때 다리를 떨면 "복 나간다"라면서 부모님이나 선생님께 혼났다. 다리를 떠는 것은 초조함이나 불안함을 나타낸다. 중요한 비즈니스 자리에서 다리를 떨면 자신감 없어 보이고 신뢰가 생기지 않는다.

미국의 심리학자 로버트 소머Robert Sommer는 마음속에 어떤 감정이 들어오거나 영역을 침범당하면 발끝으로 바닥을 찬다고 한다. 다리를 떠는 것과 마찬가지로 발로 바닥을 콩콩 차거나 까딱거리는 것도 초조함을 드러내는 것이다. 사람들은 손끝과 발끝, 다리를 움직여 초조함과 불안감을 떨쳐버리려고 한다.

상대방이 다리를 떤다면 맥락을 고려해야 한다. 중요한 대화가 시작되기도 전에 다리를 떨면 마음이 불편한 것이다. 이럴 때는 마음을 가라앉힐 시간을 갖는 것이 좋다. 커피를 마시면서 가벼운 대화를 하거나 각자 휴식 시간을 갖는 방법이 있다. 대화 주도권을 쥐고 있다면 "급하게 통화할 일이 있는데 5분 후에 회의를 시작해도 될까요?"라며 상대방에게 시간을 주어도 좋을 것이다.

대화 도중에 다리를 떨기 시작했다면 어떤 내용에 불편함을 느꼈기 때문일 가능성이 높다. 이럴 때는 다른 몸짓과 묶어서 읽을 필요가 있다. 표정이 굳어지거나 턱에 힘이 들어간다면 정확하다. 정확히 신호를 읽었다면 초조함이나 불안함을 느끼는 이유를 파악해보는 것이 좋다.

매우 기쁠 때 좋은 감정을 주체하지 못해서 다리를 떨기도 한다. 다리를 떠는 것은 무의식적인 습관이다. 다리를 떠는 습관이 있다면 고치도록 해야 한다. 습관은 익숙해져서 편한 것이다. 나쁜 습관은 노력으로 바꿀 수 있다. 그 행동을 하지 않는 것이 몸에 배도록 습관을 들이면 된다.

keyword

업무적인 만남의 자리에는 대부분 테이블이 있다. 테이블이 없거나 투명한 유리 테이블이라면 상대방의 다리를 쉽게 관찰할 수 있지만, 일반적인 테이블이 놓여 있을 때는 상대방의 다리나 발을 보기 힘들다. 그럴 때는 펜을 살짝 떨어뜨리자. 펜을 줍는 척하면서 상대방의 다리의 방향과 움직임을 볼 수 있다. 하지만 상대방이 여성이고 치마를 입고 있다면 해서는 안 되는 행동이다.

상대방이 대화를 마무리하고 싶어 할 때, 상대방이 초조하고 불안해할 때 그 마음을 이해하고 분위기를 전환하도록 리더십을 발휘해보자. 대인 관계의 달인이 되어 가는 자신을 보게 될 것이다.

262

몸짓언어 읽기의 6가지 원칙

#상대방관찰 #맥락 #몸짓묶어보기
#말과행동일치 #평상시모습
#변화의 순간

몸짓언어를 읽는 것은 그리 어려운 일이 아니다. 하지만 몸짓언어를 '정확하게' 읽는 것은 쉽지 않다. 특히 중요한 대화를 하면서 상대방 몸짓의 의미까지 파악하는 것은 간단하지 않다. 우리는 그동안 무의식적으로 사람들의 몸짓언어를 읽어왔다. 때로는 잘 읽기도 하고 때로는 잘못 읽어서 낭패를 보기도 했다. 앞으로는 이론에 근거해서 정확하게 몸짓언어를 읽어보자. 몸짓언어 읽기의 6가지 원칙이 도움이 될 것이다.

상대방을 관찰하라

말하는 사람을 유심히 관찰하는 것부터 시작해보자. 말하는 내용을 강조할 때 목소리가 커지는지, 말의 속도가 느려지는지, 손짓을 많이 사용하는지 보자. 말하면서 고개를 옆으로 기울이고 있는지, 몸의 방향이 누구를 향하고 있는지, 다리를 꼬고 있는지 벌리고 있는지를 보자.

다른 사람의 말을 듣고 있을 때 표정과 시선도 관찰해보자. 조금만 살펴보면 알게 된다. 사람들은 쉴 새 없이 몸짓언어를 표현한다. 중요한 것은 관찰을 습관화하는 것이다. 반복하다 보면 힘들이지 않고 몸짓언어를 읽게 된다. 관찰할 때는 상대방이 모르게 해야 한다. 특별한 의도가 없다 하더라도 뚫어지게 쳐다보면 사람들은 부담을 느끼고 속마음을 감추려고 할 것이다.

맥락을 고려하라

추운 겨울, 한 여자가 정류장에서 버스를 기다리며 팔짱을 끼고 있다. 따뜻한 봄날, 남자 친구와 대화하면서 팔짱을 끼고 있다. 팔짱을 끼는 것은 방어적인 행동이다. 그렇다면 그녀는 두 번 모두 방어적인 행동은 한 것일까? 그렇지 않다. 추운 겨울 버스 정류장에서는 추워서 팔짱을 꼈을 가능성이 높다.

개구리 뜀뛰기에 관한 이야기다. 연구자가 개구리에게 "뛰어"라고 말하니까 개구리는 펄쩍 뛰었다. 연구자는 뒷다리 하나를 잘랐다. "뛰어"라고 말하니까 개구리는 몇 번의 시도 끝에 거우 뛰었다. 연구자는 나머지 뒷다리를 절단하고 "뛰어"라고 명령했다. 개구리는 뛰지 않았다. 연구자는 다음과 같은 결론을 내렸다. 개구리 뒷다리 중 하나를 절단하니 개구리는 청각을 상실하기 시작했다. 두 다리를 절단한 후에는 청각을 완전히 잃었다.

몸짓언어를 읽을 때 이 연구자와 같은 실수를 하지 않도록 조심해야 한다. 몸짓언어의 의미를 제대로 이해하려면 전체적인 상황, 즉 맥락을 고려해야 한다. 눈맞춤은 기본적으로 애정 표현이지만, 어떤 상황에서는 적대감의 표시일 수도 있다. 몸짓언어는 맥락에 따라 의미가 바뀐다.

몸짓을 묶어서 보라

한 가지 몸짓으로 의미를 판단해서는 안 된다. 문장의 내용을 이해할 때 한 단어로 전체 의미를 판단하지 않는다. 몸짓언어도 마찬가지다. 하나의 몸짓은 하나의 단어에 해당한다. 몸짓언어의 의미를 파악하기 위해서는 두셋 이상의 몸짓을 묶어서 보아야 한다.

앞에서 이야기한, 팔짱을 끼고 있는 여자를 다시 생각해보자. 따뜻한 봄날, 팔짱을 끼고 얼굴을 찌푸린 채 땅바닥을 보고 있다면, 그녀는 남자 친구와 다투고 있다고 볼 수 있다. 그녀가 팔짱을 끼고 미소 지으며 남자 친구를 바라보고 있다면 습관적으로 팔짱을 끼는 것이다.

말과 행동이 일치하는지 보라

친구를 줄 서서 먹는 유명한 식당에 데리고 갔다. 친구에게 맛있냐고 물었다. 친구가 "응, 맛있네"라고 대답하면서 이마를 찌푸리고 고개를 살짝 흔든다. 그 모습을 보면 어떤 느낌이 들까? 뭔지 모르게 꺼림칙한 느낌을 받게 될 것이다. 사람이 속마음을 그대로 말할 때는 행동이 일치한다. 속마음과 다르게 말하면 행동에서 부자연스러움을 느끼게 된다. 사람들은 말과 행동이 일치할 때 편안함을 느끼고 상대방을 신뢰하게 된다.

몸짓언어를 읽을 때 말과 몸짓의 불일치를 발견하는 것은 매우 중요하다. 상대의 진심을 파악하려면 더 유심히 관찰해야 한다. 경우에 따라서 선의의 거짓말을 할 수도 있다. 하지만 상대방의 말에 속아서 불이익을 당하는 일은 막아야 한다. 연구에 의하면 비언어 신호의 영향력은 언어 신호의 5배에 달한다고 한다. 말과 몸짓이 일치하지 않을 때는 몸짓에 더 비중을 두고 속마음을 파악해야 한다.

평상시 모습을 파악하라

거짓말탐지기의 원리를 아는가? 거짓말탐지기는 평상시 그 사람의 행동과 위기 상황에서 나타나는 행동을 비교한다. 이름, 고향 등 단순한 질문을 할 때와 범죄와 관련된 질문을 할 때 나타나는 행동의 차이를 감지하는 것이다. 경찰도 상대를 신문할 때 이런 방법을 사용한다. 먼저 일반적인 질문을 하면서 평상시 행동을 파악하는 것이다. 몸짓언어의 의미를 파악하려면 편안한 상태에서 나타나는 행동을 먼저 파악해야 한다. 불편한 상태에서 드러내는 표정과 몸짓을 비교하기 위해서다.

강연자들이 흔히 경험하는 에피소드가 있다. 강연 시간 내내 팔짱을 끼고 다리를 꼬고 있는 사람이 있다. 강연자는 그 사람이 강연에 불만이 있다고 느낀다. 그런데 강연이 끝난 후 그 사람이 다가와 강연이 정말 좋았다고 한다. 그 사람은 습관적으로 팔짱 끼고 다리를 꼬는 사람인 것이다. 그 사람이 중요한 인물이라면 강연자는 내내 불편할 것이다. 그 사람의 평소 습관을 미리 알았더라면 좀더 편안하게 강연을 할 수 있을 것이다.

새로운 사람을 만난다면, 처음 만나는 순간부터 습관을 파악해야 한다. 그것을 기억하고 있다가 그 기준에서 벗어나는 순간을 놓치지 않아야 한다.

변화의 순간을 감지하라

모든 표정과 몸짓에 의미가 있을까? 그렇지 않다. 표정과 몸짓은 변화하는 순간 의미를 드러낸다. 능숙한 몸짓언어 전문가도 변화의 순간에 의미를 읽어낸다.

업무상 미팅에서 어떤 사람이 하품하고 있다고 하자. 미팅 시작부터 계속 하품을 한다면 밤잠 부족으로 졸음이 쏟아지는 것이다. 만약 어떤 내용이 시작되는 시점부터 하품한다면 그 내용이 마음에 안 들거나 불편함을 느껴서일 것이다. 항상 변화의 시점을 인지해야 한다.

keyword

앞에서 말한 원칙에 따라 눈 깜빡임을 파악해보자.

- **맥락을 고려하라.** 공기가 건조하지 않은가? 조명이 밝지는 않은가?
- **몸짓을 묶어서 보라.** 손으로 목이나 입을 만지는 등 불안의 몸짓을 하지 않는가? 미소를 지을 때 입과 눈이 함께 웃고 있는가?
- **평상시 모습과 비교하라.** 보통 때의 눈 깜빡임 속도와 차이가 많은가? 대화를 하다가 다른 곳을 바라볼 때 눈을 깜빡이는 속도를 보라.
- **변화의 순간을 감지하라.** 눈을 빠르게 깜빡였던 순간의 대화 내용을 슬며시 다시 언급해보라. 상대방이 대답하면서 다시 빠르게 눈을 깜빡인다면 그 말을 의심해보아야 한다.

상대방을 유도하는 대화의 기술

머리 3번 끄덕이기

상대방의 말을 끌어내고 싶을 때는 머리를 3번씩 끄덕여라. 시간 간격을 두고 자연스럽게 반복해보라. 상대방이 더 많은 말을 하게 될 것이다.

턱 두드리기

상대방의 이야기를 들으면서 턱에 손을 대고 가볍게 두드려라. 상대방이 계속 이야기를 하도록 유도하는 몸짓이다. 상대방은 이야기를 계속하면서 당신이 원하는 정보를 제공할 수도 있다.

마무리 멘트하며 동의 끌어내기

한 문장이 끝날 때 "그렇게 생각하지 않으세요?" 같은 확신의 말과 함께 머리를 끄덕여라. 머리를 끄덕이는 것은 전염성이 강하다. 거울신경이 활동하는 순간이다. 당신이 머리를 끄덕이면 무의식적으로 상대방도 머리를 끄덕이며 당신에게 동의할 것이다.

유쾌한 미소 짓기

누군가를 만날 때 언제나 진심 어린 환한 미소를 지을 수 있으면

Plus Tip

얼마나 좋을까? 하지만 속마음이 그렇지 않은데 늘 환한 미소가 나올 리 없다. 우리는 의식적이든 무의식적이든 가짜 미소를 더 많이 보여주며 살아간다. 기왕 미소를 지어야 한다면 자신과 상대방을 즐겁게 하고 분위기를 편안하게 해주는 사교적인 미소를 지어보자. 처음에는 애를 써야겠지만 습관이 되면 적재적소에서 자연스럽게 유쾌한 미소를 짓게 될 것이다

○ 상대방에 대한 관심과 반가움을 최고로 높이자. 그 마음이 미소로 나타날 것이다.

○ 상대방을 만나기 전 미소가 절로 나오는 사진이나 동영상을 보자. 웃긴 사진이나 동영상도 괜찮고 사랑하는 사람의 사진도 괜찮다. 환한 미소가 나올 것이다. 그 표정을 유지하자.

○ 대화하기 전 자신을 진짜로 기쁘게 하는 사람을 잠시 떠올리자. 행복한 미소가 나올 것이다.

○ 행복했던 순간을 떠올릴 수 있는 주제(자녀, 첫사랑, 여행 등)를 이야기하자.

표정 읽는 기술 연마하기

표정을 읽는 것도 연습으로 익힐 수 있다. 다음 방법 중 재미있게 할 수 있는 방법으로 연습해보자. 중요한 것은 상대방의 표정에 관심을 갖는 것이다. 상대방의 감정을 읽으려고 얼굴을 관찰하는

것이 중요하다. 꾸준히 하다 보면 의도하지 않아도 상대방의 표정을 읽고 그 속의 감정을 자연스럽게 이해하게 될 것이다.

소리 없이 드라마 보기

드라마나 영화를 소리 없이 시청해보자. 배우들의 표정을 보고 어떤 감정을 표현하고 있는지 예측하는 것이다. 나중에 같은 장면을 소리를 들으면서 다시 보자. 대사를 들으며 예측했던 감정을 점검해보자.

친구와 가족의 표정 연구하기

친구나 가족의 도움을 받아 표정을 다양하게 관찰해보자. 예를 들면, 행복한 때를 생각하면서 화난 표정을 지어보라고 하고, 행복한 때를 생각하면서 행복한 표정을 지어보라고 할 수 있다. 진실한 감정 표현과 거짓된 감정 표현이 어떻게 드러나는지 비교해볼 수 있을 것이다. 다양한 사람을 대상으로 반복해서 연습하다 보면 거짓된 감정 표현을 구분하는 능력이 생긴다.

표정 일기 쓰기

하루 동안 만난 사람들에게서 읽은 표정을 기록해보자. '불쾌해 보였다', '행복해 보였다', '잠시 기쁨이 스쳤다', '놀란 표정이었다', '무표정이었다' 등을 간단히 기록한다. 감정의 원인은 쓰지 않는다. 관찰해서 읽어낸 표정만 기록하자. 상대방의 감정을 놓치는 것은 표정을 '읽지 못해서'가 아니라 '읽지 않아서'다. 일기는 힘들이지 않고 행동의 습관을 바꿀 수 있게 해준다. 표정 일기를 쓰다 보면 어느 순간 습관적으로 상대방의 표정을 읽게 될 것이다.

전문적으로 거짓말하기

배우, 정치인, 변호사처럼 전문적으로 거짓말을 해야 하는 직업이 있다. 직업상 거짓말을 잘 해야 한다면 다음 방법으로 훈련할 수 있다. 모든 사람이 거짓말을 훈련할 필요는 없다. 일에 반드시 필요한 경우에만 활용하도록 하자.

- 거짓말을 하는 동안 어떠한 몸짓도 하지 않는 것이다. 거짓말을 드러내는 몸짓은 무의식적으로 나타나기 때문에 쉽지 않다. 하지만 훈련을 통해서 움직임을 제어할 수 있다.
- 거짓말을 하면서 진심을 드러내는 몸짓을 하는 것이다. 거짓말을 하면서 의식적으로 반대 몸짓을 하는 것이기 때문에 많은 훈련이 필요하다.

chapter 7.
관찰의 기술

: 말없이
일상을
바꾸는
방법

팀워크를 해치는
자리 배치

#협력 #합의 #팀워크 #의사소통

1973년 1월 27일 파리에서 베트남전 정전을 논의하는 평화협정이 체결되었다. 남베트남 공산주의 세력, 북베트남, 남베트남, 미국 협상 담당자들이 한자리에 모이는 만큼 자리 배치가 중요했다. 이 자리 배치에 무려 8개월이 걸렸다. 그 시간 동안 셀 수 없는 인명 피해가 이어졌다. 그들에게는 자리 배치가 그렇게까지 중요했을까?

평화로운 협상을 원한다면 원형 탁자를

사무실이나 집에 손님이 방문하면 어떻게 대접할지   274

고민한다. 고민거리 중 하나는 자리다. 초대한 사람을 어느 자리에 앉게 할 것인지는 중요한 문제다. 협상의 자리에서도 마찬가지다. 중요한 협상이 이루어지는 장소를 준비하는 사람은 모든 요소를 세심하게 신경 쓴다. 특히 협상 양측을 만족시킬 수 있는 자리 배치를 해야 한다. 신제품 발표회, 포럼, VIP 초청 행사, 시상식, 창립 기념행사 등 모든 행사에 앞서 자리 배치를 결정해야 한다. 행사의 목적에 부합하고 초청된 사람들이 만족할 자리 배치를 해야 한다.

자리 배치가 까다로울 때는 원형 탁자를 이용하는 것도 방법이다. 원탁이라고 하면 영국의 아서 왕과 기사들 이야기가 바로 연상된다. 아서 왕은 기사들에게 동등한 권력과 지위를 부여하려고 원탁에 앉게 했다. 원형 탁자는 평화로운 협상을 위해 사용해 온 전통적인 방식이다. 외교 협상이나 평화 협상 때는 주로 원형 탁자를 사용한다.

우리도 직장 안팎에서 끊임없이 협상을 한다. 심지어 가족 간에도 수시로 협상하고 이견을 조율해야 한다. 기업 회의실이나 휴게실의 탁자, 가정의 식탁을 원형으로 바꾸면 평화롭게 협상을 하는 데 도움이 될 것이다.

기업의 합병 이후 회의실 의자를 원형으로 배치해서 인수 합병의 과정을 성공적으로 수행했다는 사례도 있다. 당신이 조직의 리더라면 사무실의 의자와 탁자를 살펴보라. 조직을 분열시키고 대립시키는 구조로 되어 있다면 자리 배치를 바꾸어야 한다.

나란히 앉을 것인가,
마주 보고 앉을 것인가?

원형 탁자에서도 바로 옆에 앉은 사람은 호의적으로 대하고, 마주 보고 앉은 사람과는 말다툼하거나 경쟁자가 될 가능성이 높다. 협력이 필요할 때는 옆에 나란히 앉는 것이 좋다. 나란히 앉으면 서로 도움이 되는 방안을 찾기 위해 노력한다는 연구 결과가 있다.

이때 상대방의 오른쪽 자리에 앉으면 상대방이 신뢰감과 친밀감을 더 느낀다고 한다. 친하지 않은 동료와 협력해야 한다면 슬며시 그의 오른쪽 자리에 앉아보자. 상대방이 마음을 열고 내 의견에 귀를 기울여줄 것이다.

상대방과 경쟁해야 할 경우에는 마주 보고 앉는 것이 좋다. 미국인은 상대방과 경쟁할 때 가까이 마주 앉는 것을 선호한다고 한다. 상대방의 감정을 자극하고 유용한 정보를 얻어내기 쉽기 때문이다.

합의를 끌어내야 하는 경우라면 마주 앉는 자리 배치는 피해야 한다. 마주 보고 앉으면 합의를 끌어내기가 어렵다. 상대방을 설득하고 합의를 끌어내려면 대각선 방향에 앉거나 나란히 앉는 것이 좋다.

편하게 대화하려면 직각으로 앉는 것이 좋다. 사무실 책상 주변에 방문자용 의자를 배치한다면 책상 앞에 놓는 것보다 책상 옆에 두는 것이 좋다.

데이트할 때도 자리 배치는 고민스럽다. 상대방과 빨리 가까워지고 싶다고 옆에 붙어 앉으면 부담스럽다. 아직 친하지 않은 남녀라면 마주 보고 앉는 것이 낫다.

책상을 치워라

탁자는 어디에나 있다. 집에는 식탁이나 거실 탁자가 있고, 사무실에는 각자 개인 책상이 있다. 회의실에는 회의용 책상이 있다. 카페나 도서관 등 사람이 모이는 곳에도 탁자가 있다. 포럼이나 세미나를 준비할 때 무대 쪽에는 사회자와 발표자를 위한 탁자를 준비하고 청중 쪽에는 원형이나 긴 직사각형 모양의 탁자를 준비한다. 탁자는 공부, 업무, 식사 등 특정 역할을 수행하기 위해 사람들 사이에 존재한다. 그런데 탁자가 의사소통에 영향을 미치기도 한다.

탁자가 사람 사이에 미치는 영향에 대한 다양한 연구가 있다. 병원 진료실에서 의사와 환자 사이에 책상이 있으면 10퍼센트의 환자가 편안하다고 느끼고, 책상이 없으면 55퍼센트의 환자가 편안하다고 느꼈다. 강의실에서 교수와 학생 사이에 고정된 의자와 책상이 없으면 학생들은 교수를 더 호의적으로 평가했다. 반면 교수의 연구실에 있는 책상은 교수와 학생 사이에 영향을 미치지 않는 것으로 나타났다. 직장에서는 관리자가 부하 직원과의 사이에 책상을 두지 않으면 공정하고 수용적인 관리자라는 평가를 받는 경향이 있다.

일반적으로 책상은 의사소통에 장애가 된다. 꼭 필요하지 않은 책상은 치우는 것이 좋다. 책상이 꼭 필요한 경우에도 책상이 사람들 사이를 막지 않도록 배치하는 것이 좋다.

강연하면서 연설대 뒤에 서는 것은 청중과의 사이에 벽을 세우는 것이다. 연설대는 강연자와 청중 사이에 장애물이 된다. 특별히 권위를 드러내야 하거나 일방적인 전달을 하는 경우가 아니라면 강연자는 강단 앞으로 나와야 한다. 소통이 목적이라면 상호 간에 장애물이 없어야 한다.

왼쪽에 서라, 중요한 사람으로 보인다

사람들 사이에서 돋보이고 싶을 때가 있다. 의상과 메이크업에 특별히 신경 쓰고, 표정과 몸짓에서도 자신감을 드러내려고 노력한다. 이런 때는 서 있는 위치를 잘 잡으면 더 효과를 볼 수 있다.

사람은 왼쪽에 보이는 것이 오른쪽에 보이는 것보다 우위에 있다고 인식한다. 다른 사람이 보기에 왼편에 서면 중요한 사람처럼 보일 수 있다. 프레젠테이션하거나 강단에 설 때 여러 사람이 나란히 서 있다면 왼쪽에 서는 것이 좋다.

캐나다의 교육 연구 협회에서 교사를 대상으로 조사한 결과, 교사들은 수업 시간 중 44퍼센트는 정면을 바라보고, 39퍼센트는 왼쪽을 바라보고, 17퍼센트는 오른쪽을 바라보았다. 교사는 정면이나 왼쪽에 앉은 학생을 더 본다는 결론이다. 흥미로운 것은 교사의 왼쪽에 앉은 학생이 오른쪽에 앉은 학생보다 성적이 좋았다는 것이다.

　선택할 수 있다면 학교에서 교사의 정면이나 왼쪽에 앉는 것이 좋다. 직장에서 상사의 발표가 있다면 상사가 보는 왼쪽에 앉아라. 상사가 발표하는 동안 몸을 상사 쪽으로 향하고 고개를 끄덕이며 긍정의 신호를 보내면 더할 나위 없다.

　강연이나 수업은 앞쪽에 앉은 사람이 참여도가 높고 내용도 더 많이 기억한다. 뒷줄과 가장자리에 앉은 이들은 참여도가 낮았다. 평소 참여도가 높던 사람도 뒷줄이나 가장자리에 앉으면 참여도가 낮아지고 내용도 덜 기억했다. 강연자나 교사는 이를 역으로 활용할 수 있다. 내용을 정확히 전달해야 하고 참여도를 높여야 하는 사람을 앞쪽에 앉히자.

keyword

리더십은 비언어 커뮤니케이션 활용 능력과 비례한다. 자신에게 주어진 일만 하다가 팀장이나 프로젝트의 리더가 되어 조직을 이끌어야 할 때 가장 고민하는 것이 팀워크다. 리더의 역할을 수행할 때 자리 배치를 효과적으로 활용해보자. 나만, 파리 평화협정 때처럼 너무 오랜 시간 고심하지는 말자.

매출을
올리고 싶다면
소파를 바꿔라

#소통 #협력 #편안함
#감성 #행복

사무실 주변에 인스타그램에서 유명한 카페가 있다. 주중, 주말 할 것 없이 많은 사람이 찾는다. 궁금해서 한 번 가보았지만 커피 맛이 실망스러워서 다시 찾지 않는다. 다른 사람들도 그 카페의 커피와 음료가 맛이 없다고 평가한다. 그런데도 사람들이 붐비는 이유는 일명 '인스타 감성' 인테리어 때문이다. 최근에는 대기업이 운영하는 매장이든, 개인이 운영하는 소규모 매장이든 '인스타 감성'이나 '레트로 콘셉트' 등으로 공간을 꾸민다. 공간의 분위기를 즐기는 소비자가 늘고 있기 때문이다. 공간을 꾸미는 것이 점점 더 중요해지고 있다.

한 기업이 매장의 고객 방문율을 높이기 위한 변화를 계획했다. 획기적인 방법이라면 큰 투자도 할 생각이었다. 직원 채용과 교육, 전면적인 인테리어 교체, 새로운 고객 관리 시스템 도입 등 여러 가지를 고민한 끝에 최근 소비자의 성향을 고려해 소파와 조명 등 가구 몇 개와 인테리어 소품을 우선 바꾸었다. 편안하고 안락한 소파와 의자를 선택하고 디자인을 다양하게 구성했다. 무엇보다 고객이 편안하게 이용할 수 있는 동선으로 가구를 배치했다. 결과는 성공적이었다. 고객이 매장에 머무는 시간이 늘어난 것이다. 공간에 작은 변화를 주자 기업의 비즈니스 성과가 좋아졌다. 고객에게 제공한 '편안함'이라는 비언어 메시지가 큰 힘을 발휘했다. 기업은 늘 성과를 높이기 위해 무엇을 할 것인지 고민한다. 큰 투자가 큰 성과를 낳는 것만은 아니라는 것을 이 사례를 통해 알 수 있다.

기업은 비언어 메시지의 힘을 효과적으로 활용해야 한다. 최근 소비자들은 단지 멋지고 호화로운 것에 열광하지 않는다. 자신의 감성에 맞는 공간을 찾고 그곳에 머무르기를 원한다. 더 많은 고객을 유치하고 싶다면 소파와 의자를 바꿀 필요가 있다.

사람들이 소통하는 공간

사무실 공간의 디자인과 구성은 기업의 문화와 가치관을 드러낸다. 사무실의 공간 요소는 구성원 간의 커뮤니케이션에 중요한 역할을 한다.

스위스의 한 글로벌 기업은 다양한 언어와 문화적인 차이 때문에 직원들의 의사소통이 원활하지 않은 것이 문제였다. 이 기업은 광장을 콘셉트로 사무실 인테리어를 바꾸었다. 유럽의 중앙 광장은 물건을 사고파는 시장이자 사람들이 어울리고 소통하는 장소였다. 기업은 사무실 휴게 공간에 마을 풍경을 그려 넣었다. 그림 속 사람들은 직원을 모델로 했다. 그 공간에서 직원들이 커피를 마시면서 간단한 회의를 하고 어울리도록 권장했다. 결과는 성공적이었다. 그 공간은 피아차piazza(광장)라고 불렀는데, 피아차에서 소통하는 것이 기업의 문화로 자리 잡혔다. 기업의 목표대로 구성원들은 그 장소에서 하나가 되었다.

특정한 주제가 있는 장소는 사람들을 하나로 이어준다. 앞에서 말한 기업은 구성원들에게 친숙한 광장을 주제로 선택하고, 그 주제에 따라 공간을 구성했다. 그것에 그치지 않고 그 공간을 목적대로 활용하도록 지속해서 메시지를 전달했다.

공간은 데이트할 때도 활용할 수 있다. 상대방과 마음이 통하고 싶다면 주제가 있는 장소에서 데이트하면 좋다. 요즘은 다양한 주제로 꾸민 카페와 레스토랑이 즐비하다. 익숙한 장소도 좋지만, 새로운 주제의 공간에서 하나가 되어보라. 사랑이 새록새록 솟아날 것이다.

공간의 분위기는 사람의 감정에 영향을 미친다. 지저분한 방, 인테리어 소품이 잘 갖추어진 방, 책상과 책장만 있는 연구실 같은 방에서 사람들의 얼굴을 촬영했다. 그 결과, 인테리어가 잘 된 방에서 찍은 사진이 더 행복하고 에너지가 넘치는 것으로 나타났다. 학생들은 지저분한 방보다 예쁜 방에서 수업 태도와 성적이 좋을 뿐 아니라 교수도 더 좋게 평가했다.

어린이집이나 유치원은 아이들이 웃는 사진으로 벽면을 장식해 놓는다. 아이들에게 즐겁고 행복한 공간이라는 메시지를 전달하기 위해서다. 신혼부부는 집을 구하면 인테리어에 신경을 쓰고, 1인 가구를 위한 인테리어도 인기를 끌고 있다. 누구나 예쁜 공간에서 행복을 느끼고 싶기 때문이다.

데이트를 한다면 인테리어가 잘 된 카페와 레스토랑을 찾아보자. 가족이 더 행복하기를 바란다면 집 인테리어를 바꾸어보자. 기업의 분위기를 쇄신하고 싶다면 사무실 인테리어에 관심을 갖자.

활기찬 음악은 더 많은 봉사 활동을 하게 한다

음향과 조명도 장소를 구성하는 중요한 요소다. 나는 행사를 준비할 때면 장소에 설치되어 있는 기본적인 시스템보다 좋은 음향과 조명 시스템을 준비하고 전문 오퍼레이터에게 컨트롤하게 한다. 고객이 입장할 때는 신나고 활기찬 음악을 준비하고 식사할 때는 조용한 클래식 음악을 준비한다. 이렇게 세심하게 준비하는 이유는 음악이 행사에 참여한 사람들의 만족도에 영향을 미치기 때문이다.

음악이 사람에게 미치는 영향에 대한 흥미로운 연구들이 있다. 활기찬 음악을 들은 사람들은 많은 노력이 필요한 봉사 활동에도 기꺼이 참여하겠다는 의사를 밝혔다. 레스토랑에서 손님들에게 클래식 음악을 틀어준 날, 대중음악을 틀어준 날, 아무런 음악을 틀지 않은 날 매출을 비교했더니 클래식 음악을 틀은 날 매출이 가장 높았다. 와인 매장에서 프랑스 음악을 틀어놓으면 프랑스 와인 매출이 높아지고 독일 음악을 틀어놓으면 독일 와인 매출이 높아졌다.

O2O 서비스 스타트업 '우아한형제들'의 복지 제도는 대기업에서도 벤치마킹할 정도다. '우아한형제들'의 사무실에는 늘 재즈나 팝 음악이 흘러나온다고 한다. 사무실이 너무 조용하면 직원들이 잡담할 때 눈치가 보이기 때문이다. 음악은 고객 만족은 물론이고 직원 간의 친밀한 관계를 유지하는 데도 활용할 수 있다.

keyword

집이 안락한 공간인지, 사무실이 서로 소통하고 협력할 수 있는 공간인지 살펴보자. 반드시 큰 변화를 위해 큰 투자를 할 필요는 없다. 중요한 것은 구성원들의 필요를 채워주는 비언어 요소를 찾아내는 것이다.

SNS 시대,
말하지 않아도
알아요

#미소 #바른자세
#감정표현 #소극적

한 부부가 순탄하지 않은 결혼 생활을 이어가던 중 각자 온라인에서 새로운 사랑을 찾게 되었다. 알고 보니 상대는 서로의 배우자였다. 실제 배우자와는 대화도 되지 않고 공감도 이루어지지 않았는데 온라인상에서는 사랑을 꽃피운 것이다. 웃지 못할 이 이야기의 결말은 이혼소송이었다.

온라인으로 넓은 세계가 순식간에 하나로 이어진다. 실시간으로 정보를 공유하고 친구를 사귀고 사랑에 빠지고 비즈니스 파트너를 찾는다. 주변 사람보다 온라인에서 맺어진 관계에 친밀감을 느끼기도 한다. 실제로 얼굴 한 번 보지 못한 사람이 '랜선 이모', '랜선 삼촌', '랜선 애인'이 되어 관계를 맺고 상대방을 응원하고 지지한다. 온라인은 가상이 아닌 현실이다. 복잡하고 방대한 온라인 세상에서 살려면 그 속에 있는 비언어 신호를 읽을 수 있어야 한다. 온라인 세상이 주는 이로움과 해로움을 구분해서 활용하는 지혜가 필요하다.

프로필 사진은 중요하다

이스라엘 연구팀이 페이스북 프로필 사진으로 흥미로운 실험을 했다. 같은 남성이 서로 다른 프로필 사진으로 여성들에게 메시지를 보냈을 때 여성들의 반응을 본 것이다. 하나는 미소를 짓고 있는 사진이었고, 다른 하나는 미소를 지으며 기타를 들고 있는 사진이었다. 미소를 짓고 있는 사진에는 10퍼센트가 긍정적인 답을 했고, 미소를 지으며 기타를 들고 있는 사진에는 30퍼센트가 긍정적인 답을 했다. 온라인 대인 관계에서는 매력적인 프로필 사진이 큰 역할을 한다.

온라인에서는 프로필 사진을 보고 친구가 될지 말지 결정한다. 많은 온라인 친구를 사귀고 싶다면 프로필 사진에서 호감 가는 모습, 매력적인 모습을 보여야 한다. 누구나 사진이 실제보다 좀더 매력적으로 보이기를 바란다. 그래서 예쁘고 매력적인 사진을 찍으려고 노력한다. 음식점, 카페, 쇼핑몰 할 것 없이 매장들은 사진이 예쁘게 찍히는 조명과 인테리어로 소비자를 유혹한다.

사람들은 프로필 사진을 꾸미는 것에 관심이 많다. 사진이든 실물이든 매력적으로 보이려고 노력하는 모습은 아름답다. 하지만 포장이 과해서 속임수가 되는 것은 문제다. 온라인상에서 사랑에 빠졌는데 만나보니 프로필 사진과 실제 모습이 달라서 당황했다는 이야기를 이따금 들을 수 있다. 프로필 사진을 꾸미는 것도 지나치면 좋을 것이 없다. 남성이 여성인 척 가장해 접근한 뒤 사기를 치는 사례도 있다. 온라인에서는 폭넓은 대인 관계를 맺을 수 있지만, 속임수를 쓰기도 쉽다는 사실을 잊어서는 안 된다. 지나치게 아름다운 프로필 사진에 현혹되지 말자.

프로필 사진에서 성격이 드러난다

프로필 사진은 그 사람의 성격을 반영한다. 운동이나 악기 연주 등 활동하고 있는 사진은 그 사람이 적극적인 성격이라는 것을 드러내준다. 이런 사람들은 책임감 있고 진취적이며 도전적이다. 자기 사진이 아닌 다른 이미지를 프로필 사진으로 사용하는 사람은 사생활을 중시하거나 상처를 잘 받는 사람일 가능성이 높다. 이런 사람들은 집단의 중심에 서는 것을 꺼린다. 여권이나 이력서 사진을 프로필 사진에 올리는 사람은 성실하고 책임감이 강하며 세심해 맡은 일은 끝까지 마무리하는 사람이다. 익살스러운 표정과 같은 특이한 사진을 올리는 사람은 자의식이 강한 사람이다. 남들과 다르기를 원하며 강한 개성을 드러내고 싶어 한다.

한번 설정한 프로필 사진을 오래 유지하는 사람도 있고, 수시로 사진을 바꾸는 사람도 있다. 사진을 수시로 바꾸는 사람은 자신의 사진을 올리기도 하고 인터넷에서 찾은 이미지를 올리기도 한다. 사진 한 장으로 그 사람의 성격을 단정 짓는 것은 바람직하지 않다. 하지만 같은 프로필 사진을 오래 유지하고 있다면 프로필 사진으로 그 사람의 성격을 예측해볼 만하다.

온라인에서 친구를 사귀거나 비즈니스 파트너를 찾는다면 프로필 사진에서 보이는 상대방의 스타일을 참고하자. 상대방이 어떤 사람인지 예측하면 대화를 더 편하게 이끌 수 있다. 상대방을 더 이해하고 공감하게 될 것이다. 상대방을 이해하면 좋은 관계로 발전할 가능성이 높다.

스마트폰을 사용하는 자세

식당에서, 지하철에서, 버스 정류장에서 사람들을 둘러보면 대부분 스마트폰을 들여다보고 있다. 최근 다른 사람의 비언어적 신호를 놓치는 가장 큰 원인 중 하나가 바로 스마트폰이다. 사람들은 대화하면서도 수시로 스마트폰을 본다.

스마트폰으로 소통의 기회가 많아진 것은 사실이다. 자주 보지 못하는 친구나 가족의 일상을 실시간으로 알 수 있다. 재난 소식을 빠르게 알고 대처할 수 있다. 긴급한 일을 즉시 처리할 수 있어서 비즈니스에도 도움이 된다. 하지만 사람들과 함께 있을 때는 스마트폰을 보지 않는 것이 좋다. 미국 플로리다의 영화관에서는 한 남성이 조명이 꺼진 뒤 스마트폰을 보다가 총에 맞아서 사망한 사건이 벌어졌다. 스마트폰을 사용할 때는 주변의 상황과 사람을 먼저 고려해야 한다.

나는 허리가 좋지 않아서 병원에 수시로 다닌다. 의사들은 하나같이 노트북보다는 데스크톱을 이용하고, 바른 자세로 앉고, 스마트폰을 많이 보지 말고 사용할 때는 고개를 숙이지 말라고 이야기한다. 뉴질랜드의 물리치료사 스티브 어거스트Steve August는 사람의 머리는 평균 5.4킬로그램인데 스마트폰을 쓰면서 목을 60도 정도 기울이면 하중이 27.2킬로그램까지 늘어난다고 한다. 이 자세를 지속하면 등이 구부러지고 두통이 생기는 등 건강 문제가 생긴다. 스마트폰이나 노트북을 들여다보면서 고개를 숙이고 어깨를 움츠리는 소극적인 자세를 취하다 보면 자신도 모르게 소극적인 사람이 될 수도 있다.

우리가 드러내야 할 몸짓언어는 열린 자세, 적극적인 자세다. 고개를 들고 가슴을 펴고 어깨를 활짝 펴서 자신감을 드러내야 한다. 스마트폰이나 태블릿 PC가 비즈니스와 대인 관계에 유용하다고 해도 적당히 활용해야 한다. 작은 전자 장비를 쓸 때도 바른 자세를 유지하려는 습관을 들여야 한다.

SNS에 드러내는 생활과 감정은 반쪽짜리

감정을 표현하는 것은 심신의 건강을 지키고 대인 관계를 유지하는 데 도움이 된다. 좋은 감정이든 나쁜 감정이든 마찬가지다. SNS로 타인과 소통할 기회가 많아졌지만 정작 표현할 수 있는 것은 많지 않다. 행복한 감정과 일상의 부분만 보여주고 공유한다. 타인의 행복한 일상을 보면서 상대적 박탈감을 느껴

우울증에 빠지는 사람도 있다. 상대적 박탈감 때문에 SNS를 중단하는 사람도 있다.

사람이 늘 자신의 삶에 만족하고 행복할 수는 없다. 불행을 느끼고 좌절을 경험한다. 하지만 그것을 극복하는 것 역시 가치 있는 경험이다. 부정적인 감정을 인정하지 않으면 현실과 이상 중간쯤에서 방황하게 된다. 부정적인 감정을 처리하는 능력이 성장을 멈춘다. 더 단단해지고 건강한 대인 관계를 형성하려면 부정적인 감정도 적절하게 표현해야 한다.

사람들은 자신의 감정을 다양한 방법으로 표현한다. 이모티콘을 이용하기도 하고, 기분이 안 좋을 때 행복한 사진을 올리기도 한다. 자신의 감정을 나누기 어려워서 '감정 대리인'을 찾기도 한다. 텔레비전에서 타인의 연애를 보고, 나 대신 욕해줄 사람을 찾아 그 사람의 글이나 동영상을 보기도 한다. 자신의 감정을 대신 경험하는 이를 보며 대리 만족을 얻는다.

균형 잡힌 정서는 삶에 매우 중요하다. 행복만 표현하는 SNS 세상에 빠져서, 대리 만족에 빠져서 정서적인 균형감을 잃지 않도록 하자.

컴퓨터와 사랑에 빠지지 마라

머지않아 사람의 감정을 대신 읽어주고 사람과 사람 사이의 감정을 연결해주는 미디어가 생겨날 것이다. 최근 마이크로소프트는 사진에서 표정을 분석하는 감정 인식 애플리케이션을 발표했다. 이제는 컴퓨터가 사람의 행복·슬픔·놀람 등의 감정을 분석한다.

컴퓨터가 사람의 감성을 인지하고 해석하고 처리하는 프로그램을 연구하는 분야를 감성 컴퓨팅Affective Computing이라고 한다. 감성 컴퓨팅은 2013년 개봉한 영화 <그녀Her>에서 잘 표현했다. 혼자 외롭게 살던 시어도어는 인공지능 챗봇인 서맨사와 사랑에 빠진다. 서맨사는 시어도어의 말에 귀 기울여주고 그의 마음을 헤아려준다. 그런데 나중에 알고 보니 그녀는 8,316명과 동시에 대화하고 641명과 동시에 사랑에 빠졌다. 실망한 시어도어는 결국 진짜 사랑을 찾아간다.

한 조사에 의하면 직장인 5명 중 4명은 회사에서 외로움을 느낀다고 한다. 사랑해서 결혼한 부부가 각자 외롭게 살아가기도 한다. 외로움을 달래기 위해 컴퓨터와 사랑에 빠지기 전에 주변을 둘러보자. 자신의 감정을 표현하고, 상대방의 감정을 읽고 공감하면 컴퓨터와 사랑에 빠지는 일은 없을 것이다.

keyword

인터넷과 SNS는 우리의 삶을 더 흥미롭게 해주고 지루할 틈이 없게 해준다. 그러나 나를 진짜 행복하게 해주는 것은 온라인 속의 사람들이 아니라 주변 사람들이다. 나를 돌보고 아껴주는 것은 서맨사가 아니라 사랑하는 가족, 동료, 친구들이다. 유심히 보아야 할 것은 손바닥 위의 작은 창이 아니라 함께 있는 사람의 얼굴, 그들의 눈빛과 몸짓이다. 그들의 마음을 더 열심히 읽어야 한다. 그들과 소통하는 데 더 많은 시간을 할애해야 한다. 진짜 행복은 거기서 시작된다.

기업의 첫인상은 어떻게 만들어질까?

#미소 #매너 #사랑합니다ㅡ고객님

"사랑합니다, 고객님."

지금은 바뀌었지만 한 기업의 고객 센터에 전화하면 직원이 이렇게 전화를 받았다. 이 인사말을 좋아하는 사람도 있고, 싫어하는 사람도 있었다. 좋아하는 사람들은 정감 있고 듣기 좋다고 했다. 나는 기업에서 이렇게 감성적인 인사말을 준비한 것에 박수를 보내고 싶다. 그러나 안타깝게도 실제 고객 센터 직원의 인사말에서는 '사랑의 신호'가 빠져 있는 경우가 많았다.

기업은 고객에게 기업의 메시지를 전하려고 많은 노력을 한다. 상품의 가치는 물론이고 기업의 가치, 고객을 생각하는 마음을 전하고자 한다. 그것은 고객 서비스, 홍보, 마케팅에서 드러난다. 이것이 기업의 비언어다.

직원의 몸짓언어가 중요한 이유

고층 건물에 위치한 호텔에서 행사가 있는 날이었다. 바쁘게 준비하다 보니 카페인이 필요했다. 60층이 넘는 아래로 다시 내려갈 시간도, 마음의 여유도 없었다. 마침 행사에 필요한 커피를 준비하고 있는 호텔 지배인에게 커피 한 잔을 부탁했다. 나와 마찬가지로 행사 준비로 바빠 보였기 때문에 양해를 구하고 부탁했다. 그런데 지배인은 대답을 머뭇거렸고 미간에 주름이 잡혔다. 짧은 시간이었지만 선명하게 보였다. 결국 커피를 마셨지만 마음은 내내 불편했다. 행사를 위한 호텔의 서비스에는 전반적으로 만족했지만 그 호텔 지배인에 대한 인상은 쉽게 가시지 않았다. 다음 행사를 어느 호텔에서 할지 결정할 때 그 인상을 모른 척할 수는 없을 것 같다.

직원 한 명이 보여주는 몸짓언어는 기업의 이미지가 된다. 기업은 직원이 고객에게 미간 주름을 함부로 보여서는 안 된다는 것을 교육해야 한다. 직원은 자신의 얼굴에 띤 미소, 정중한 손동작, 당당한 발걸음, 목소리에 담는 친절함이 기업의 이미지가 된다는 것을 알아야 한다. 기업은 직원에게 서비스 마인드를 강조하는 것에 그쳐서는 안 된다. 직원은 몸짓언어를 이해하고 적절하게 표현할 수 있어야 한다. 고객이 보여준 몸짓에서 고객의 속마음을 읽을 수 있어야 한다. 이것은 기업의 경쟁력이 될 것이다.

아이를 키우다 보면 수시로 병원을 가게 된다. 병원 주변에는 약국이 많다. 병원에서 처방전을 받으면 병원 주변의 약국 중 한 곳을 골라서 가게 된다. 내가 사는 동네에는 병원이 모여 있는 건물이 있는데, 건물 1층에는 약국이 두 곳 있다.

진료를 하고 엘리베이터에서 내리면 정면에 보이는 약국이 하나 있고, 우측에 약국이 또 하나 있다. 처음에는 대부분 정면에 있는 약국에 가게 된다. 일단 눈에 먼저 띄는 데다, 바닥에 큰 화살표까지 그려놓았다. 그러나 그 건물에 있는 병원을 자주 이용하는 사람은 대부분 우측의 약국으로 향한다. 우측 약국의 약사들은 손님과 눈을 맞추고 미소를 지으며 인사를 한다. 서비스로 주는 요구르트를 아이들이 몇 개씩 요구해도 미간을 찌푸리는 일이 없다. 보호자가 동의하는지 보호자의 표정을 살필 뿐이다. 정면의 약국 약사들은 손님과 눈을 마주치지 않는다. 그들의 시선은 늘 처방전을 향해 있다. 두 약국의 차이는 약사들의 몸짓언어다. 미소로 인사하는 약국은 늘 사람으로 붐빈다.

기업의 첫인상도 직원의 미소에서 시작된다. 기업의 첫인상이 좋으면 그 기업의 상품에 관대한 평가를 하게 되고 쉽게 구매를 결정하게 된다. 상품에 만족하면 열렬한 팬이 된다. 기업의 첫인상은 비즈니스에 매우 중요하다.

동네 약국부터 대기업에 이르기까지 좋은 첫인상을 주려면 미소 짓는 사람을 채용하고 그들이 미소를 유지할 수 있도록 해야 한다. 항공사의 대표적인 이미지는 아름답게 미소 짓는 승무원이다. 그 미소에는 좋은 서비스를 하겠다는 기업의 메시지가 담겨 있다. 대인 관계에서, 기업의 고객 서비스에서 미소는 강한 무기가 된다.

keyword

미소가 빠진 "사랑합니다"는 사랑이 아니다. 전화기를 넘어서 미소가 전달되려면 진짜 미소를 지어야 한다. 몸짓언어는 진실하다. 기업이 친절함과 따뜻함을 전달하고 싶다면 직원의 몸짓 언어로 친절함과 따뜻함이 표현되어야 한다. 기업은 기업의 가치관을 전달하는 비언어의 힘을 간과하지 않아야 한다.

소비자 역시 매너 있는 소비자가 되어야 한다. 어느 때부터인가 "사랑합니다"를 외치던 고객 센터로 전화를 하면 통화 연결 중 가족의 목소리가 들린다. 이 고객 센터에는 자신들이 사랑하는 엄마, 딸, 아내가 근무하고 있으니 막말을 삼가달라는 이야기다. 늘 밝은 모습을 유지해야 한다는 강박으로 인한 스트레스 증상을 '스마일 마스크 증후군'이라고 한다. 많은 서비스업 종사자가 이 증후군에 시달리고 있다. 미소 어린 서비스를 기대한다면 미소 짓는 소비자가 되자. 미소가 선순환되는 아름다운 세상에 살아보자.

낯선 비언어 신호
이해하기

#다양성 #공감대
#볼인사에-놀라지마세요

미국의 한 지역 기관에서 일본 기업의 임원들을 초대해서 저녁 식사를 대접했다. 미국 기관은 일본 손님들에게 줄 선물도 마련했다. 일본 기업의 이름을 새긴 주머니칼이었다. 그 선물을 받은 일본 손님들은 당황스러움을 감추지 못했다. 일본에서 칼은 자살을 상징하기 때문에 선물하지 않는다. 미국 기관은 일본 기업과 좋은 관계를 맺으려고 많은 준비를 했지만 불쾌함과 불편함만 남는 자리로 끝이 났다. 상대방의 문화를 이해하지 못하면 이런 실수를 하게 된다.

'적절한 거리'도 문화마다 다르다

사람들의 생활 습관과 방식은 문화권마다 차이가 크다. 인사법이 다르고, 시선에 대한 해석이 다르고, 손짓의 의미가 다르다. 신체 접촉을 허용하는 범위와 대화의 거리가 다르다. 선물과 숫자에 대한 의미도 다르다.

일본이나 한국에서는 자녀를 양육할 때 가까운 거리를 유지한다. 부모는 어린 자녀와 한방에서 잠을 잔다. 팔베개를 해주거나 토닥토닥하면서 함께 잠에 들기도 한다. 반면 프랑스나 미국에서는 아이들이 독립된 방에서 혼자 잠을 잔다. 최근 한국에서도 수면 교육 붐이 일어나 일찌감치 아이를 독립된 방에서 재우기도 한다. 그러나 아직도 한국에서는 아이와 부모가 함께 자는 것이 보편적이다. 모두 한 침대에서 자는 패밀리 침대가 인기가 많은 것도 그 이유다. 한 침대에서 온 가족이 생활하면 대화의 거리가 짧아진다.

어릴 때부터 문화권에 따라 다른 사람과의 거리 감각을 학습한다. 이 거리 감각은 성장하면서 대인 관계에 그대로 반영된다. 사람들 사이에서 편안하게 느끼는 대화의 거리에도 문화권마다 차이가 있다.

어떤 문화권에서는 비즈니스 관계에서도 가벼운 신체 접촉이 가능한 정도로 가까이 서거나 앉는다. 다른 문화권에서는 정중함을 드러낼 수 있도록 거리를 두고, 악수를 하거나 명함을 주고받을 때만 가까이 다가간다. 미국 사람은 낯선 사람과 대화할 때약 1.2~2.1미터의 사회적 거리를 두고 다른 많은 나라에서는 그

절반 정도 되는 거리에서 대화한다.

문화권에 따라 달라지는 몸짓언어

눈을 마주치고, 신체 접촉을 하는 것도 문화권에 따라 차이가 있다. 비즈니스 관계에서도 사적인 이야기를 많이 하는 문화권도 있고, 사적인 이야기는 아예 하지 않는 문화권도 있다. 계약할 때 계약서에 서명하면 계약이 성사되었다고 판단하는 문화권도 있지만 인간적인 유대감과 비공식적인 합의가 더 효력을 발휘하는 문화권도 있다. 여러 명이 앉는 자리에서 안쪽 자리인 상석에 손님이 앉아야 한다고 생각하는 문화권도 있고, 주인이 앉아야 한다고 생각하는 문화권도 있다. 문화권에 따라 문자와 말로 의사를 전달하기도 하고, 인간적인 관계·비언어적 신호·숨은 의미로 의사를 전달하기도 한다.

문화적 특성은 매우 다양하다. 게다가 문화적인 특성만으로 한 사람을 판단하기는 어렵다. 그 사람의 가족 관계, 성장 환경, 성별 등 다양한 요인도 고려해야 하기 때문이다. 판단 기준이 복잡한 상황에서 우리가 반드시 알아야 하는 것은 '모든 사람은 서로 다르다'는 사실이다. 사람은 자신과 다른 행동을 보이는 사람을 맞닥뜨리면 '이상하다'는 생각과 함께 불편함을 느낀다. 그래서 문화적인 특성을 이해하는 것은 대인 관계에 큰 도움이 된다. 대인 관계에서 오는 불편함을 줄일 수 있기 때문이다. 상대방이 나와 다를 수 있다는 사실을 늘 염두에 두면, 어떤 상황에서도 기지를 발휘할 수 있을 것이다.

이해하면 공감대가 형성된다

다른 문화권에서 온 사람과 원활한 의사소통을 하려면 상대방이 보내는 신호를 읽을 수 있어야 한다. 중요한 협상 자리에서 상대방이 계속 사적인 질문을 한다면, 상대방 입장에서는 친밀감을 형성하는 단계라는 것을 이해해야 한다. 그런 사람에게 "이제 일 이야기를 합시다"라고 하면 상대방은 무례하게 생각할 것이다.

문화권이 달라서 당황스러운 상황이 생기기도 한다. 악수를 하려고 손을 내밀었는데 상대방은 고개를 숙이며 인사할 수도 있다. 그럴 때는 "다시 인사드리겠습니다"라고 하며 고개를 숙이는 편이 낫다. 서로 다르다는 것을 함께 인지하도록 하는 것이 좋다. 또한 상대방의 문화에 대해 관심과 호기심을 적극적으로 표현하는 것도 좋다. 공감대 형성에 큰 도움이 된다.

프랑스에 출장을 간 적이 있다. 지루한 회의가 끝나고 프랑스 직원들과 저녁 식사를 했다. 식사는 와인 몇 잔과 함께 프랑스식 정찬으로 2시간이 넘게 진행되었다. 당시 한국에서는 1차, 2차, 3차로 이동하며 시끌벅적하게 회식을 했다. 한국과 다른 문화라서 생소하고 지루했다. 그렇게 긴 식사가 끝나고 헤어지는 시간이었다. 프랑스 직원이 다가오더니 볼에 뽀뽀하는 것이 아닌가? 너무 놀라서 몸을 빼다가 뒤로 넘어질 뻔했다. 다른 문화권의 사람을 만날 때는 그 문화권에 대한 사전 준비가 필요하다. 볼인사^{bise}는 남부 유럽에서는 흔한 인사법이다. 사전에 인지하고 있었다면 그렇게 당황하지 않았을 것이다.

미소는 호감의 표시지만 처음 보는 아랍 사람에게는 하지 않아야 한다. 아랍에서는 낯선 사람의 미소를 부정적으로 해석한다. 우크라이나 사람과 협상하려면 보드카 1병은 마실 각오를 해야 한다. 자신이 못 마신다면 주량이 센 사람을 대동해야 한다. 상대방의 문화를 따라 하려고 우리 문화를 버릴 필요는 없다. 하지만 상대방의 문화를 이해하고 존중하는 모습을 보여주는 것은 비즈니스에 좋은 영향을 미친다.

keyword

문화권에 따라 비언어에 대한 해석이 다를 수 있다고 해서 긴장할 필요는 없다. 어디서나 통하는 비언어가 있다. 바로 따라하기와 열린 몸짓이다. 손바닥을 보이며 상대방에게 마음을 열고, 상대방의 몸짓과 행동을 따라 하면서 공감대를 형성하자. 몸짓언어 리스트를 만드는 것도 도움이 된다. '눈을 바라본다', '미소를 띤다', '악수를 한다' 같은 리스트를 만들고 그 문화권에서는 그 몸짓을 어떻게 해석하는지 파악하는 것이다. 최소한 일본인에게 칼을 선물하거나 프랑스인의 볼인사에 당황하는 일은 없을 것이다.

비즈니스 파트너와 편안한 분위기 만들기

비즈니스 관계의 사람과 딱딱한 사무실이 아닌 곳에서 식사하면서 친밀감을 형성하려고 할 때가 있다. 이런 때는 마주 앉는 것보다는 직각으로 앉으면 더 편안하게 대화할 수 있다. 그런데 직각으로 앉을 수 있는 곳은 찾기가 쉽지 않다. 이럴 때는 한 명을 더 동행하면 된다. 사각이나 원형 탁자에서 동행자는 상대방과 마주 앉게 하고 나는 상대방과 직각을 이루는 자리에 앉는 것이다. 누군가와 식사할 때는 맛있고 위치와 서비스가 좋은 식당을 찾는다. 이제는 한 가지를 더 고려하자. 직각으로 앉을 수 있는 장소인지 보도록 하자.

턱에 손 올리고 프로필 사진 찍기

과거에는 연예인이나 정치인 정도만 프로필 사진을 찍었지만, 요즘은 프로필 사진을 찍는 사람이 많아졌다. 특별한 이유 없이도, 자신의 매력을 한껏 드러낼 수 있는 사진 한 장을 남기고 싶은 마음이 들기도 한다. 기업 행사를 할 때 프로필 사진을 촬영해주는 이벤트를 자주 한다. 그때마다 어떤 포즈를 취해야 할지 몰라서 당황하는 사람을 많이 본다. 몇 가지 샘플을 놓고 따라 해보지만 영 어색하다. 마음은 화보인데 포즈는 증명사진이다.

　화보처럼 사진을 찍고 싶다면 턱에 손을 올리고 포즈를 취해

프로필 사진을 찍을 때는 턱에 손을 올리고 포즈를 취해보자.

보자. 다른 포즈에 비해 훨씬 덜 어색하다. 무표정하게 찍어도 전문가처럼 보일 수 있고, 표정에 따라서는 귀엽게 또는 섹시하게 연출할 수 있다.

가슴에 손 올리고 커플 사진 찍기

남녀가 서로에게 깊이 빠져 있을 때가 있다. 그때는 둘이서 무엇을 해도 마냥 행복하다. 그렇게 행복한 순간이 영원하면 좋겠지만

가슴에 손을 올리고 커플 사진을 찍어보자.

상황이 늘 내 마음 같지가 않다. 서로에게 소원해지기도 하고 상처를 주기도 하고 상처를 받기도 한다. 서로에게 깊이 빠져 있을 때 멋진 커플 사진을 남겨놓으면 힘든 상황이 생겼을 때 위로가 된다. 사랑에 빠진 커플은 어떤 포즈로 사진을 찍어도 아름답지만 여성이 남성 가슴에 손을 올리고 사진을 찍어보자. 심장의 박동을 느끼면서, 따뜻한 손길을 느끼면서 사진을 찍으면 나중에 사진을 볼 때마다 행복한 순간이 떠오를 것이다.

나만의
몸짓언어를
개발하라

나만의 몸짓언어를 개발하라

#에필로그

사람마다 습관이 있다. 다른 사람에게 호감을 주는 습관도 있고 부정적인 의미를 전달하는 나쁜 습관도 있다. 자신감을 드러내고 신뢰감을 형성하는 몸짓언어를 습관화하자. 몸짓 하나로 그 사람에 대한 호감도가 달라진다. 대화를 하면서 상대방을 전혀 바라보지 않고 자신의 말에만 집중하는 사람이 있다. 그런 사람은 상대방이 지루해하는지 전혀 알지 못한다. 듣는 사람은 무시당한다고 느낀다. 만날 때마다 활짝 웃으며 악수를 청하는 사람이 있다. 그런 사람과의 만남은 유쾌하다. 자신만의 몸짓언어를 개발해서 사람들에게 호감을 주는 매력적이고 유쾌한 사람이 되기를 바란다.

자신감을 가져라

몸짓언어를 믿고 자신감을 가져라. 몸짓언어의 가장 극적인 효과는 자신감 넘치는 몸짓을 '자기화'한 사람에게서 나타난다. 자신감은 모든 성공의 초석이다. 성공적인 삶은 성공적인 삶을 바라는 마음에서 출발한다. 스스로를 바라보는 시선과 타인이 자신을 바라보는 시선을 변화시키겠다는 의지가 있어야 한다.

심상화 기법은 자신감을 갖는 데 도움이 된다. 심상화는 원하는 모습을 상상해서 그 모습으로 변해가는 과정이다. 어떤 상황을 앞두고 있다면 그 상황을 머릿속에 먼저 그려보자. 그 상황 속에서 계획대로 행동하고 있는 자신의 모습을 그려보자. 이 방법은 막연한 두려움을 없애고 자신감을 갖는 데 효과적이다. 먼저, 눈을 감고 어떤 상황에서도 자신감이 넘치는 자신의 모습을 상상해보라.

롤 모델을 만들어라

몸짓언어 기술을 개발하는 동안, 자신이 닮고 싶은 사람을 찾아 롤 모델로 삼아보자. 유명인도 좋고, 가까이에 있는 사람도 좋다. 밝고 명랑한 친구, 자신감이 넘치는 동료 등 좋은 본보기가 될 사람들을 가까이하자. 롤 모델이 유명인이라면 그의 모습을 반복해서 보자. 그들의 행동을 주의 깊게 보고, 배워야 할 점을 따라해보자. 눈으로 본 것을 어느 순간 몸이 그럴듯하게 따라할 것이다. 우리에게는 거울신경이 있지 않은가?

콜린 파월Colin Powell은 미국 역사상 최초로 국무장관과 합동 참모본부의장을 역임한 흑인이다. 파월은 자메이카 출신 이민자의 아들로 뉴욕 할렘에서 태어났으나 그의 행동에는 자신감이 넘친다. 그의 부드러운 카리스마에 사람들은 매료당한다. 그의 성공 비결은 성실함과 더불어 자신이 존경하는 인물들을 롤 모델로 삼고 닮으려고 노력했다는 것이다. 그렇게 노력한 결과, 그는 성공적인 삶을 살게 되었다.

어린아이는 처음 말을 배우거나 걸음마를 할 때 부모를 따라 하면서 배운다. 부모는 반복해서 말해주고 몸으로 보여준다. 성인이 되어 외국어를 배우거나 새로운 기술을 배울 때도 마찬가지다. 무엇이든 최초의 학습은 흉내를 내면서 시작된다.

몸짓언어도 롤 모델을 만들고 따라 하면서 배우는 것이다. 다른 사람의 몸짓을 따라 한다고 해서 자신이 없어지는 것이 아니다. 자신을 더 매력적으로 만드는 참고서로 활용하는 것뿐이다.

나만의 몸짓언어 리스트를 만들어라

성공한 사람들은 성공할 수 있는 마음가짐을 지니고 성공할 수밖에 없는 행동을 한다. 그들에게는 자신감을 드러내는 자신만의 몸짓이 있다. 이 책을 통해서 '나만의 몸짓언어 리스트'를 만들자. 자신의 내면을 위해 사용할 몸짓, 데이트할 때 사용할 몸짓, 직장에서 사용할 몸짓, 협상에서 사용할 몸짓, 프레젠테이션에서 사용할 몸짓, 그리고 버려야 할 몸짓 목록도 만들자.

이 몸짓언어 리스트를 사용하다 보면 업데이트를 하게 될 것이다. 리스트에 있는 대로 순차적으로 훈련하면 나쁜 습관은 없어지고, 성공을 부르는 습관이 남게 될 것이다. 습관을 바꾼다는 것이 쉬운 일은 아니다. 하지만 남이 아니라 나를 바꾸는 것이다. 노력하면 된다.

꾸준히 연습하라

몸짓언어는 꾸준한 훈련으로 충분히 개발할 수 있다. 얼마나 꾸준히 해야 할까? 맬컴 글래드웰Malcolm Gladwell은 『아웃라이어』에서 '1만 시간의 법칙'을 이야기했다. 어떤 분야에서든 뇌가 적응하는 데 1만 시간이 필요하다는 미국의 신경과학자 대니얼 레비틴Daniel Levitin의 주장을 인용한 것이다. 글래드웰은 각 분야의 사례를 소개한다. 모든 연구의 결론은 같다. 적은 시간을 투자해서 세계적인 수준에 이른 사람은 없다는 것이다. 재능과 노력 중 어느 것이 더 중요하냐는 영원한 논란거리다. 하지만 글래드웰은 재능을 타고난 천재도 노력 앞에서는 예외가 될 수 없으며, 노력 없는 성공은 없다고 주장한다.

몸짓언어도 마찬가지다. 노력으로 수준을 높일 수 있다. 1만 시간은 하루에 3시간을 노력하면 10년, 하루에 1시간을 노력하면 27년이 걸려야 달성할 수 있다. 지금부터 1만 시간을 투자해서 몸짓언어를 훈련해야 할까? 목표가 세계적인 몸짓언어 전문가가 아닌 이상 그럴 필요 없다. 우리는 태어난 순간부터 지금까지 1만

시간 이상 몸짓언어를 사용해왔다. 우리에게 몸짓언어는 새로운 기술이 아니다.

학교에 들어가서 영어나 다른 언어를 배웠을 때를 생각해보자. 생소하고 어렵다. 하지만 국어는 그만큼 어렵지 않다. 어렸을 때부터 사용해온 익숙한 말이기 때문이다. 학교에서 문법과 다양한 문장을 익혀서 더 성숙한 표현을 할 수 있게 되었다. 몸짓언어도 이와 같다. 지금부터 몸짓언어를 훈련하면 좀더 세련되고 다양하게 몸짓을 표현할 수 있게 된다. 중요한 것은 우리가 매 순간 몸짓언어를 사용하고 있다는 사실을 기억하는 것이다. 몸짓언어 개발은 많은 것을 보상할 것이다.

keyword

과학적으로, 수많은 전문가의 연구에 의해 검증된 몸짓언어의 효과를 믿고 자신감을 가져라. 롤 모델의 사진을 가장 잘 보이는 곳에 붙이자. 스마트폰이나 컴퓨터 배경 화면으로 설정해도 좋다. 롤 모델이 친구나 동료라면 함께 사진을 찍고 자주 보자. 지금부터 나만의 몸짓언어 리스트를 만들어서 꾸준히 실천하자. 처음부터 한꺼번에 너무 많은 것을 하려고 하지 말자. 일주일에 1가지 몸짓을 연습한다면 1년이면 52가지 몸짓언어를 익히게 된다. 52가지 몸짓언어는 엄청난 것이다. 한 달에 1가지 몸짓언어만 연습해도 1년이면 12가지의 몸짓언어를 업그레이드할 수 있다. 충분히 성공적이다. 누군가는 아무런 성장도, 도

아주 사소한 몸짓의 힘

전도 없이 한 해를 그냥 보내기도 한다. 이 책을 읽고 나쁜 습관 1가지를 없애고 좋은 습관 1가지를 만든다 해도 효과는 충분하다. 자신을 업그레이드해서 더 성공적이고 행복한 삶을 향해 한 걸음씩 나아가겠다는 각오와 실천이 중요하다. 몸짓언어의 세계에 들어온 것을 환영한다. 이제부터 놀라운 인생의 변화를 경험하기를 바란다.

고든 웨인라이트, 조은경 옮김, 『몸짓을 알면 대화가 즐겁다』(미래의창, 2003).

권경애 외, 『세계의 몸짓 몸짓의 세계』(한국외국어대학교출판부, 2016).

김난도 외, 『트렌드 코리아 2019』(미래의창, 2018).

김범준, 『저도 눈치 없는 사람과 대화는 어렵습니다만』(위너스북, 2018).

나이토 요시히토, 김한나 옮김, 『말투 하나 바꿨을 뿐인데』(유노북스, 2017).

니시마쓰 마코, 주정은 옮김, 『나를 표현하는 최고의 몸짓 테크닉』(행간, 2009).

데이비드 기븐스, 이창신 옮김, 『러브 시그널』(민음인, 2010).

류쉬안, 원녕경 옮김, 『심리학이 이렇게 쓸모 있을 줄이야』(다연, 2018).

마이클 엘스버그, 변영옥 옮김, 『눈맞춤의 힘』(21세기북스, 2011).

마크 냅·주디스 홀·테런스 호건, 최양호·김영기 옮김, 『비언어 커뮤니케이션』(커
　　뮤니케이션북스, 2017).

맬컴 글래드웰, 노정태 옮김, 『아웃라이어』(김영사, 2009).

미야시타 기쿠로, 이연식 옮김, 『몸짓으로 그림을 읽다』(재승출판, 2018).

바버라 피즈·앨런 피즈, 서현정 옮김, 『보디 랭귀지』(대교베텔스만, 2005).

바버라 피즈·앨런 피즈, 황혜숙 옮김, 『당신은 이미 읽혔다』(흐름출판, 2012).

스튜어트 다이아몬드, 김태훈 옮김, 『어떻게 원하는 것을 얻는가』(에이트포인트,
　　2017).

시부야 쇼조, 채숙향 옮김, 『몸짓 심리술』(지식여행, 2014).

아사노 하치로, 이인애 옮김, 『CEO, 얼굴을 읽다』(21세기북스, 2008).

에이미 커디, 이경식 옮김,『프레즌스』(알에이치코리아, 2016).

왕하이산, 홍민경 옮김,『하버드 협상 수업』(이지북, 2016).

이상은,『몸짓 읽어주는 여자』(천그루숲, 2018).

이케하라 마사코, 이주희 옮김,『매력은 습관이다』(동양북스, 2018).

잭 셰이퍼·마빈 칼린스, 문희경 옮김,『호감 스위치를 켜라』(세종서적, 2017).

조 내버로·마빈 칼린스, 박정길 옮김,『FBI 행동의 심리학』(리더스북, 2010).

조 내버로·토니 시아라 포인터, 장세현 옮김,『FBI 비즈니스 심리학』(부키, 2018).

최광선,『몸짓을 읽으면 사람이 재미있다』(일빛, 1999).

캐럴 킨제이 고먼, 설혜란 옮김,『사일런트 리더십』(한국표준협회미디어, 2012).

캐럴 킨제이 고먼, 이양원 옮김,『몸짓 언어 완벽 가이드』(날다, 2011).

캐서린 하킴, 이현주 옮김,『매력자본』(민음사, 2013).

토냐 라이먼, 강혜정 옮김,『몸짓의 심리학』(21세기북스, 2011).

토냐 라이먼, 박지숙 옮김,『왜 그녀는 다리를 꼬았을까』(21세기북스, 2009).

토르스텐 하베너, 송경은 옮김,『생각을 읽는다』(마일스톤, 2016).

트레이시 커크로, 정세영 옮김,『최강의 육아』(앵글북스, 2018).

폴 에크먼, 함규정 옮김,『언마스크, 얼굴 표정 읽는 기술』(청림출판, 2014).

아주 사소한 몸짓의 힘

ⓒ 신경원, 2019

초판 1쇄 2019년 11월 20일 찍음
초판 1쇄 2019년 11월 25일 펴냄

지은이 | 신경원
펴낸이 | 이태준
기획·편집 | 박상문, 김소현, 박효주, 김환표
디자인 | 최진영, 홍성권
관리 | 최수향
인쇄·제본 | ㈜ 삼신문화

펴낸곳 | 북카라반
출판등록 | 제17-332호 2002년 10월 18일
주소 | (04037) 서울시 마포구 양화로 7길 4(서교동) 삼양E&R빌딩 2층
전화 | 02-325-6364
팩스 | 02-474-1413
www.inmul.co.kr | cntbooks@gmail.com

ISBN 979-11-6005-073-8 03190
값 15,000원

이 도서의 국립중앙도서관 출판시도서목록(CIP)은 서지정보유통지원시스템 홈페이지(http://seoji.nl.go.kr)와 국가자료공동목록시스템(http://www.nl.go.kr/kolisnet)에서 이용하실 수 있습니다. (CIP제어번호: CIP2019046185)